职业教育城市轨道交通专业工作手册式系列教材

城市轨道交通高压电气设备检修

主　编　石　磊　王震东　张　强
副主编　程德保　廖　勇　周　文
参　编　万　驰　查婧文　任彬彬
　　　　田祥俊
主　审　邓绍渝

机　械　工　业　出　版　社

本书编者通过对轨道交通行业、企业进行充分调研，明确企业对技能人才的实际需求，依据城市轨道交通毕业生所从事岗位的实际需要，进行了新型活页式教材的开发与设计。本书按照理实一体化课程设计思路，采用项目引领、任务驱动的模式组织编写，以活页形式装订。本书主要内容包括变压器的周期性检修、SF_6 全封闭组合电器（GIS）维修、SF_6 断路器的预防性试验及检修、隔离开关检修和互感器的试验。本书图文并茂、生动形象，作业过程符合现场作业流程，全面契合城市轨道交通企业供电工作岗位的技能要求。学生通过对本书内容的学习可掌握城市轨道交通高压电气设备检修的相关知识，为以后进入企业开展工作打下基础。

本书可作为职业教育城市轨道交通供电检修相关专业的教材，也可供城市轨道交通相关企业从业人员学习参考。

本书教学配套资源丰富，配有电子课件、电子教案和动画视频等。凡选用本书作为授课教材的教师均可登录 www.cmpedu.com，以教师身份注册后免费下载，咨询电话：010-88379201 或加 QQ1006310850 索取资料。

图书在版编目（CIP）数据

城市轨道交通高压电气设备检修/石磊，王震东，张强主编. —北京：机械工业出版社，2024.4

职业教育城市轨道交通专业工作手册式系列教材

ISBN 978-7-111-75247-9

Ⅰ.①城… Ⅱ.①石… ②王… ③张… Ⅲ.①城市铁路-高压电气设备-设备检修-职业教育-教材　Ⅳ.①U239.5

中国国家版本馆 CIP 数据核字（2024）第 050425 号

机械工业出版社（北京市百万庄大街22号　邮政编码100037）
策划编辑：于志伟　　　　　　　责任编辑：于志伟
责任校对：韩佳欣　李　杉　　　封面设计：张　静
责任印制：任维东
北京瑞禾彩色印刷有限公司印刷
2024年5月第1版第1次印刷
210mm×285mm・11.75 印张・257 千字
标准书号：ISBN 978-7-111-75247-9
定价：54.00元

电话服务　　　　　　　　　　网络服务
客服电话：010-88361066　　　机　工　官　网：www.cmpbook.com
　　　　　010-88379833　　　机　工　官　博：weibo.com/cmp1952
　　　　　010-68326294　　　金　书　网：www.golden-book.com
封底无防伪标均为盗版　　　机工教育服务网：www.cmpedu.com

前言 PREFACE

随着城市轨道交通建设速度的不断加快，社会对城市轨道交通专业高素质技术技能人才的需求急剧增加。本书是根据《国家职业教育改革实施方案》（国发〔2019〕4号）精神和"三教"改革要求，紧密结合当前城市轨道交通产业的发展及需求，组织专业骨干教师认真研究并编写出的工学结合、理实一体化新型工作手册式教材。

本书始终坚持正确的政治方向，以国家和社会的需求为导向，将习近平新时代中国特色社会主义思想和党的二十大精神融入教材，以全力打造精品教材为出发点，全面贯彻党的教育方针，落实立德树人的根本任务，培养德智体美劳全面发展的社会主义建设者和接班人。本书对标城市轨道交通供电专业培养目标，以问题为引领、以工作任务为驱动、以岗位工作过程为依据，对城市轨道交通高压电气设备检修的教学内容进行了解构，并根据企业工作任务和岗位能力对内容进行项目化，通过对工作任务的分析，确定课程内容中的知识点、技能点和素质目标。本书主要特色如下：

1. 基于典型工作任务进行了项目的设计，能体现实际工作过程，符合职业课程培养职业能力的目标要求。

2. 遵循以学生为中心的理念进行教材的结构设计。内容的编排以职场新人在工作中遇到的实际情况为导入，引出问题。解决问题的过程包括知识准备、技能提升、知识拓展、学习工作页及知识巩固5个部分，其中学习工作页以收集信息、制订计划、任务实施、检查与控制、评价反馈等环节为主线设计内容，充分体现了一体化教学"做中学、学中做"的理念。

3. 在每一个项目最后的延伸阅读环节，融入了思想政治教育、职业素养教育元素，从而使项目教学内容和素质教育等内容有机地结合在一起，达到立德树人的职业教育目的。

4. 活页式教材充分体现了校企双元合作，文中涉及的设备及规范等均是由温州市铁路与轨道交通投资集团有限公司运营分公司提供的，能充分展现行业新业态、新水准、新技术，有助于培养学生的综合职业能力。

5. 关键的操作步骤配有操作视频，起到示范、引领的作用。在制作和选取多媒体教学资源时，遵循"适度、够用"原则，视频内容简短、精练。

本书由重庆铁路运输技师学院石磊、王震东及重庆市轨道交通（集团）有限公司张强担任主编并负责全书的统稿，重庆铁路运输技师学院程德保、重庆市轨道交通（集团）有限公司廖勇、中国铁路成都局集团有限公司周文担任副主编，参与本书编写的还有重庆铁路运输技师学院万驰、查婧文、任彬彬和中国铁路成都局集团有限公司田祥俊，本书由重庆市轨道交通（集团）有限公司邓绍渝担任主审。本书的编写得到了重庆市轨道交通（集团）有限公司的大力支持和帮助，参考和引用了很多文献资料，在此，对相关作者表示衷心的感谢。

限于编者水平，书中难免有不妥之处，敬请广大读者批评指正。

编　者

二维码清单

名称	图形	名称	图形
GIS 的基本知识		GIS 的组成	
倒闸作业		气体电弧理论	
电流互感器		直流断路器	
直流隔离开关		绝缘电阻测试	
分流器		电动隔离开关操作机构	

目 录
CONTENTS

前言

二维码清单

项目一 变压器的周期性检修 …………………………………… 1
    任务一　吸湿器的周期性检修 ………………………… 2
    任务二　气体继电器的周期性检修 …………………… 15
    任务三　温度计的周期性检修 ………………………… 25
    任务四　储油柜的周期性检修 ………………………… 34
    任务五　压力释放阀的周期性检修 …………………… 46

项目二 SF_6 全封闭组合电器（GIS）维修 ………………… 57
    任务一　不停电常规小修 ……………………………… 58
    任务二　停电常规小修 ………………………………… 71

项目三 SF_6 断路器的预防性试验及检修 ………………… 83
    任务一　SF_6 断路器导电回路直流电阻测量 …… 84
    任务二　SF_6 断路器绝缘电阻测量 ………………… 94
    任务三　SF_6 断路器小修 …………………………… 101

项目四 隔离开关检修 ………………………………………… 111
    任务一　隔离开关小修 ………………………………… 112
    任务二　隔离开关大修 ………………………………… 123

项目五 互感器的试验 ………………………………………… 131
    任务一　电压互感器绝缘油检查及试验 ……………… 132
    任务二　电压互感器试验 ……………………………… 144
    任务三　电流互感器高压试验 ………………………… 156
    任务四　电流互感器膨胀器异常处理 ………………… 171

参考文献 ………………………………………………………… 182

项目一
变压器的周期性检修

变压器是用来变换交流电压、电流从而传输交流电能的一种静止的电气设备,它是根据电磁感应的原理实现电能传输的。变压器按其用途可分为电力变压器、试验变压器、仪用变压器及特种变压器;电力变压器是电力输配电、电力用户配电的必要设备;试验变压器是对电气设备进行耐压(升压)试验的设备;仪用变压器用于配电系统的电气测量、继电保护(PT、CT);特种变压器有冶炼用的电炉变压器、电焊变压器、电解用的整流变压器和小型调压变压器等。

电力变压器可用来将某一数值的交流电压(电流)变成频率相同但数值不同的另一种或几种交流电压(电流)。当其一次绕组通以交流电时,就产生交变的磁通,交变的磁通通过铁心的导磁作用,在二次绕组中感应出交流电动势。二次绕组中电动势的高低与一、二次绕组匝数的数量有关,即其大小与匝数成正比,只要一、二次绕组的匝数不同,就能达到改变电压的目的。变压器的主要作用是传输电能,因此,变压器额定容量是它的主要参数。额定容量是一个表现功率的惯用值,用于表征传输电能的大小,以 kVA 或 MVA 表示,当对变压器施加额定电压时,根据额定容量来确定在规定条件下不超过温升限值的额定电流。较为节能的电力变压器为非晶合金铁心配电变压器,其最大优点是空载损耗值低。最终能否确保变压器空载损耗值,是变压器整个设计过程中所要考虑的核心问题。当为非晶合金铁心配电变压器做结构布置时,除了要考虑使非晶合金铁心本身不受外力的作用外,在计算时还应精确合理地选取非晶合金的特性参数。本项目主要包含以下任务:

任务一　吸湿器的周期性检修
任务二　气体继电器的周期性检修
任务三　温度计的周期性检修
任务四　储油柜的周期性检修
任务五　压力释放阀的周期性检修

任务一 吸湿器的周期性检修

【任务描述】

吸湿器需每年进行定期检修一次，并由值班员每日对其进行巡视，重点观察吸湿器内部硅胶的颜色变化，如吸湿器状态不符合安全运行的相关要求，可增加临时检修任务予以更换。

【学习目标】

目标名称	目标内容
知识目标	学习变压器吸湿器的工作原理
	学习如何判断变压器吸湿器及其部件正常（包括硅胶、变压器油）
技能目标	能完成变压器吸湿器的周期性检修
	能通过变压器吸湿器的外观判断其工作状态
素质目标	能与他人合作，进行有效沟通，能按 6S 管理规定进行作业
	具有良好的职业道德，能自觉遵守行业法规和企业规章制度

【知识准备】

一、变压器的基本原理

变压器是由绕在共同磁路上的两个或者两个以上的绕组所构成的，图 1-1-1 所示为变压器工作原理。当一次绕组加上交流电压 u_1 时，一次绕组里就有交流电流 i_1 流过，此时一次绕组将产生磁动势 $F_1 = N_1 i_1$，这个磁动势在铁心中产生磁通 Φ，显然此磁通也是交变的，所以它将在二次绕组中感应出电动势 e_2。当二次侧接上负荷时，在 e_2 的作用下，负荷中将有电流 i_2 流过。这就是变压器将电能从一次侧传递到二次侧的工作过程。

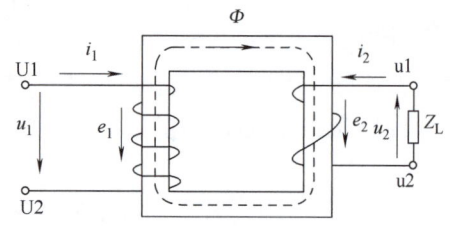

图 1-1-1 变压器工作原理图

由此可知，改变一次绕组与二次绕组的匝数比，可以改变一次侧与二次侧的电压比。

1. 变压器的基本结构

1）变压器的内部主要由铁心、绕组、绕组绝缘、引线和变压器油等组成，如图 1-1-2 所示，其半剖视图如图 1-1-3 所示。

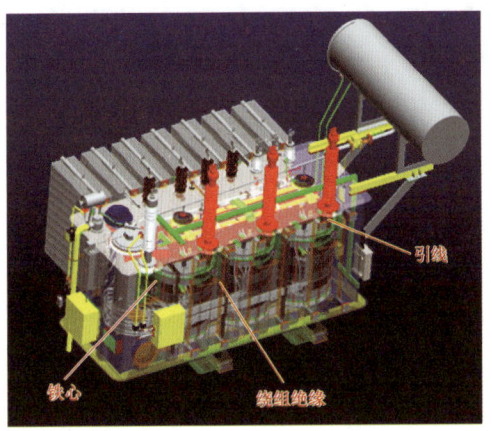 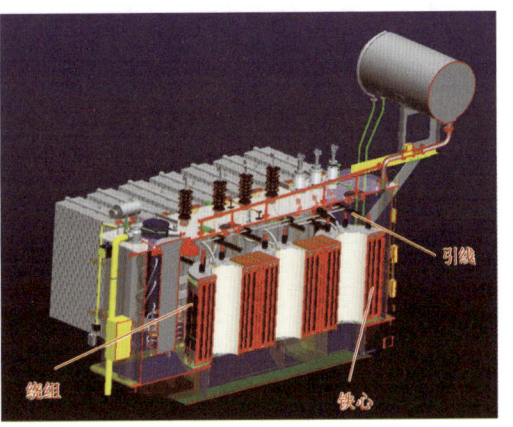

图 1-1-2　变压器内部布置图　　　　图 1-1-3　变压器半剖视图

2）变压器的外部主要由油箱、散热器、储油柜、高压套管、低压套管等组成，其中油浸式变压器的结构如图 1-1-4 所示。

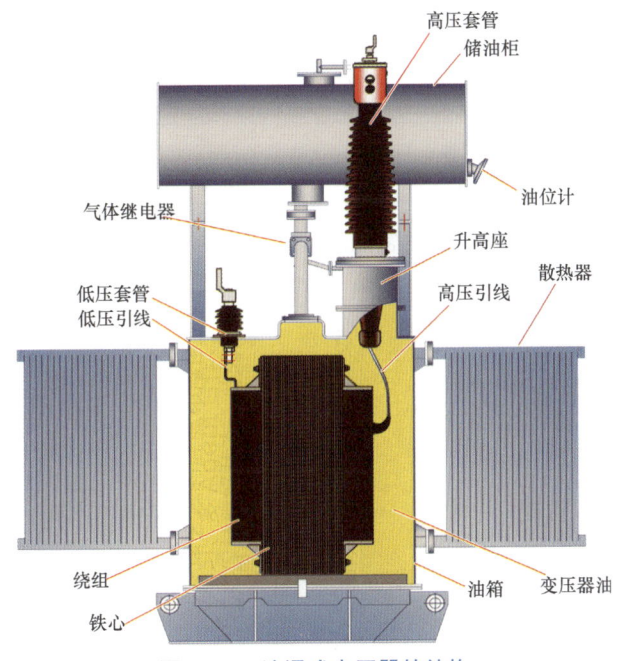

图 1-1-4　油浸式变压器的结构

2. 变压器的分类

变压器的分类见表 1-1-1。

表 1-1-1　变压器的分类

分类方式	变压器名称	用途或类型
按相数分	单相变压器	用于单相负荷和三相变压器组
	三相变压器	用于三相系统的升、降电压

(续)

分类方式	变压器名称	用途或类型
按冷却方式分	干式变压器	依靠空气对流进行冷却，用于照明、电子线路等小容量场合
	油浸式变压器	有油浸自冷、油浸风冷、油浸水冷、强迫油循环等类型
按用途分	电力变压器	用于输配电系统的升、降电压
	仪用变压器	包括电压互感器、电流互感器，用于测量仪表和继电保护装置
	试验变压器	能产生高压，对电气设备进行高压试验
	特种变压器	有整流变压器、小型调压变压器等类型
按绕组形式分	双绕组变压器	用于连接电力系统中的两个电压等级
	三绕组变压器	一般用于电力系统的区域变电所中，连接三个电压等级

3. 变压器产品型号及意义

变压器产品型号及意义如图 1-1-5 所示。

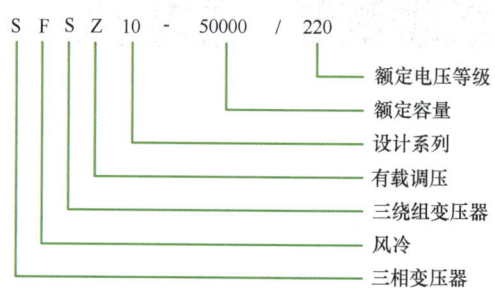

图 1-1-5　变压器产品型号及意义

4. 变压器联结组别和应用

变压器最常采用的联结组别是 Y_N，d_{11}。此联结组别可使感应电动势波形近似正弦波，在遇到不平衡负荷时使中性点稳定，其电流基本上是平衡的。高压侧中性点是否可以长期接地运行，直接影响电力系统的接地阻抗和接地短路电流，应严格按电力公司调度命令执行。此联结组别的接线如图 1-1-6 所示。

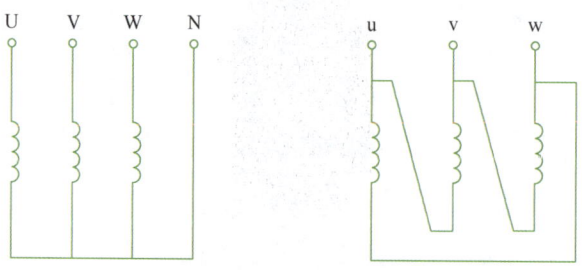

图 1-1-6　变压器 Y_N，d_{11} 联结组别的接线

联结组别用来表示变压器各绕组的连接方式及两侧相应的线电压之间的相位差。变压器的联结组别的表示方法为大写字母表示一次侧的接线方式，小写字母表示二次侧的接线方式。Y（或 y）为星形联结，D（或 d）为三角形联结。数字采用时钟表示法，用来表示一、二次侧线电压的相位关系，一次侧的线电压相量作为分针，固定指在时钟 12 点的位置，二次侧的线电压相量作为时针。例如 Y，d_{11} 联结在变压器的联结组别中，"Y" 表示一次侧为星形联结；"d" 表示二次侧为三角形联结。

"11"表示变压器二次侧的线电压相位 U_{uv} 滞后一次侧的线电压 U_{UV} 的相位 330°（或超前 30°）。

变压器有 4 种基本联结组别：Y，y、D，y、Y，d 和 D，d。我国常用 Y，y、D，y 和 Y，d。Y 联结还有带中性线和不带中性线两种，不带中性线的不增加任何符号表示，带中性线的则在字母 Y 后面加字母 n 表示。

所以整流变压器的联结组别为：D（+7.5°），y11d0 和 D（-7.5°），y1d2 或 D（+7.5°），y5d0 和 D（-7.5°），y7d2。其中 D 为延边三角形联结。

在地铁供电系统中，牵引变电站会有大量的谐波产生，为抑制奇次谐波，在 35kV 侧，主变压器、整流变压器和中心降压变压器都是三角形联结，这样可以消除 3 的整数倍奇次谐波。因为 110kV 系统是直接接地系统，在操作时为防止过电压和涌流，需要将主变压器中性点接地，所以主变压器 110kV 侧为星形联结。这样主变压器的联结组别一般为"Y，d"形式。中心降压变压器的 10kV 侧为经电阻接地的小电流接地系统，所以中心降压变压器的联结组别一般为"D，y"形式。而整流变压器为适应 2 台整流器的 24 脉波直流输出需要，每台整流变压器低压侧有两个绕组，分别构成星形联结和三角形联结，相位相差 30°，即成为 6 相整流变压器。2 台整流变压器高压侧采用延边三角形联结，各自移相±7.5°，2 台整流变压器与 2 台整流器共同组成 24 脉波整流机组。所以整流变压器的联结组别为 D，d+7.5°。和 D，d-7.5°。其中 D 为延边三角形联结。

采用这种整流变压器的目的，就是为了组成 12 脉波、24 脉波和 48 脉波整流方式，以增加整流波形的脉波数。脉波数越多，奇数次的低次谐波消去得也越多。降低电力谐波总量，可防止整流过程中出现的电力谐波向系统（电源侧）传送，保障自身和其他电力用户的电能质量。

只有用 2 台变压器联合接线，即将 2 个变压器的高压侧接在一起，低压侧也"对应"接在一起，才能实现提高脉波次数，有效降低电流谐波总量。同时，其产生的高次电流谐波（23、25 次）还可以降低工程滤波费用。

二、变压器的吸湿器

1. 吸湿器的基本概念

大中型变压器一般都配备有吸湿器（见图 1-1-7）。吸湿器是一种装有变色硅胶等吸湿材料的玻璃容器，其作用为吸附外界由于变压器油温变化而进入储油柜胶囊、隔膜中的潮气，以免变压器受潮，保证变压器油的绝缘强度。

2. 吸湿器的工作原理

当变压器油受热膨胀时，会排出变压器储油柜中多余的空气；当变压器油的温度降低而收缩时，会吸入外部空气。

当吸入外部空气时，外部空气经带有油封的吸湿器吸潮过滤（见图 1-1-8），除掉其中的灰尘和水分，使水分含量始终在标准范围以内，保证变压器油和油箱内绝缘物的绝缘水平不降低。

3. 吸湿器的重要性

吸湿器的重要性如下：若外界空气直接进入变压器储油柜胶囊，变压器油在吸

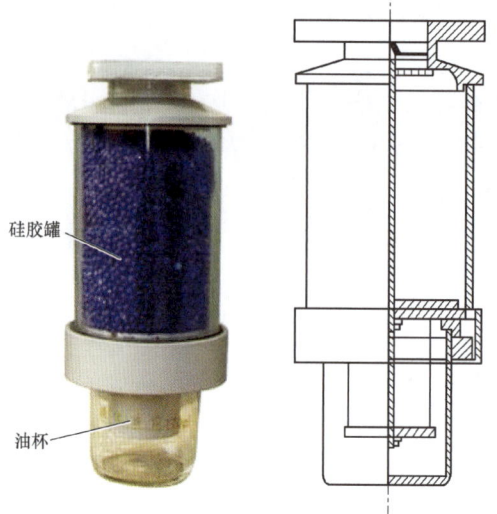

图 1-1-7　吸湿器

图 1-1-8　使用中的吸湿器

入了外界空气中的杂质和水分后，变质的可能性会增大。特别是 110kV 以上的变压器，其储油柜的体积大，变压器油与外界空气的接触面也大，更易受潮。如果吸湿器未安装或者长期不更换吸湿材料，运行人员就无法判断变压器油是否受潮。

一旦变压器油受潮且长期不管，变压器油的绝缘性能会降低，由此可能导致变压器内部故障，从而殃及其他带电线路的安全、可靠、稳定运行。

4. 判别变色硅胶与变压器油何时更换

1）变色硅胶在未吸入水分前，呈蓝色，如果变色硅胶吸入足够的水分，就会处于饱和状态而变成粉红色。当变色硅胶饱和部分占到整体的 2/3 以上时，就应该及时更换。

2）一般油杯中的变压器油运行一年以上后，吸收水分的能力就达到饱和，失去了应有的功能，需及时换变压器油。

3）若油杯中变压器油的油垢布满油杯表面，以至于看不清油位或者堵塞吸湿器滤口时，应马上更换变压器油，并且清洁油杯。

5. 进行更换作业

（1）更换吸湿器的变色硅胶

1）在吸湿器硅胶罐的固定螺钉处喷匀除锈剂（方便拆卸螺钉），如图 1-1-9 所示。

2）用螺钉旋具沿逆时针方向拧松固定螺钉，如图 1-1-10 所示。

图 1-1-9　喷匀除锈剂　　　　　　　图 1-1-10　拧松固定螺钉

3）将新的变色硅胶缓慢倒入硅胶罐中（见图 1-1-11），倒入过程中应留意变色硅胶中是否有杂质。若有杂质，需将其清除。

4）硅胶罐倒满后，用手抚平罐顶面的变色硅胶（见图 1-1-12），将多余的变色硅胶去除。

图 1-1-11　倒入新的变色硅胶　　　　图 1-1-12　抚平罐顶面的变色硅胶

5）装上吸湿器硅胶罐，安装时对准四个螺钉的位置，同时将玻璃罩对准导管口胶圈，手扶硅胶罐底，先放好四个螺钉，硅胶罐位置固定后，再拧紧螺钉，如图 1-1-13 所示。

（2）更换吸湿器的变压器油

1）拆下油杯并清理干净。将变压器油缓慢倒入油杯（见图 1-1-14），倒入过程中注意油杯的红色警示线，油位达到警示线位置即可。

图 1-1-13　装上吸湿器硅胶罐　　　　　图 1-1-14　倒入变压器油

2）旋转安装吸湿器油杯（见图 1-1-15），旋转到拧紧状态后，反方向旋转油杯一圈半或者两圈，使得吸湿器油杯不会因太紧导致吸湿器和导管闭塞，防止变压器出现防爆膜破裂、漏油、进水、假油位现象。

图 1-1-15　旋转安装吸湿器油杯

3）最后用螺钉旋具拧紧螺钉，固定好吸湿器油杯，作业完毕。

【收集信息】

一、我们的学习任务是什么？

二、为顺利完成本学习任务，请按要求完成信息的收集。

1. 本次检修的设备：

2. 请根据本任务内容、维护手册及公司其他要求，确定维护工艺及验收标准。

【制订计划】

请根据吸湿器的周期性检修的任务要求，确定所需的维护仪器、工具，并对小组成员进行合理分工，制订详细的检查和维护计划。

1. 小组成员分工：_____
_____
_____

2. 备品备件准备：_____
_____
_____

3. 危险点分析：_____
_____
_____

4. 安全措施：_____
_____
_____

5. 作业程序及标准：_____
_____
_____

【任务实施】

1. 按表 1-1-2 完成作业前准备。

表 1-1-2　吸湿器的周期性检修作业前准备

出发前准备	人员	人员资质、职业禁忌、身体状况、精神状态满足作业要求	确认（　）
	仪器工具	梯子、活扳手	确认（　）
	技术资料	作业指导书	确认（　）
	防护用品	安全帽、工作服	确认（　）
	物资材料	相关物资、备品备件、变色硅胶、变压器油	确认（　）
	车辆	已开展车辆安全检查，并已确定最佳行驶路线	确认（　）
进场前准备		1）安排作业班成员在指定地点耐心等候 2）办理作业许可手续，确保现场安全措施符合作业要求 3）再次核查人数相符和个人防护用品正确佩戴 4）作业负责人在首位，作业班按指定路线列纵队进场	确认（　）

(续)

作业和安全技术交底			确认（ ）
		作业负责人向作业班成员交代作业任务、作业范围、安全措施、分工安排	确认（ ）
	应急事项	遇紧急情况，作业人员应根据现场情况按照以下的紧急处理程序进行处理： 1）发生人员坠落、人员触电、人员中暑等严重威胁生命的情况时，立即向当值调度员和本部门领导、安全监督人员报告并将遇险人员转移到安全地点进行急救，同时拨打120电话联系医院派救护车前来救援 2）发生碰伤、扭伤等较轻微且不危及生命的伤病时，先暂停作业进行紧急处理，再视伤病严重程度考虑是否送医院治疗 3）发生误碰设备跳闸事故时，应立即停止作业，并通知许可人	确认（ ）

风险评估	风险	控制措施	
	误入带电区域，触电伤亡	作业负责人带领进入作业现场；核对设备名称和编号	确认（ ）
	接取试验电源，触电伤亡	检查漏电保护开关正常，禁止用导线在插座上取电源	确认（ ）
	高空坠落	穿防滑鞋、系安全带	确认（ ）
	序号	现场评估后补充风险	临时应对措施	确认（ ）

2. 完成作业过程。

1）按表1-1-3登记作业内容。

表1-1-3　吸湿器的周期性检修作业内容登记表

项目	风险		控制措施		确认（ ）
仪器/仪表	名称	型号	厂家	有效日期	
作业标准					
作业记录					确认（ ）
试验日期		环境温度/℃		环境相对湿度（%）	

2）按表1-1-4完成作业终结记录。

表1-1-4　吸湿器的周期性检修作业终结记录表

序号	项目	内容	作业记录
1	恢复现场	作业中临时做的措施已全部恢复（如临时接地线等）	确认（ ）
2	清理现场	清理、撤离现场前，将仪器、工具、材料等搬离现场	确认（ ）

(续)

序号	项目	内容	作业记录
3	作业终结	1）作业负责人在首位，按指定路线列纵队退场 2）安排作业班成员到指定地点耐心等候 3）结束作业，办理作业终结手续	确认（　）
4	作业后记录	作业完成后，完成相关电子、纸质记录	确认（　）
5	发现问题及处理结果	问题描述 处理结果 存在的问题已告知作业班班长或安全区代表	确认（　）
6	风险变化情况	补充了新增风险，并已告知作业班班长或安全区代表	确认（　）
7	作业结论	合格（　）　不合格（　）	确认（　）

【检查与控制】

观察员根据操作员的工作过程完成考核评分，具体考核评分细则见表 1-1-5。

表 1-1-5　吸湿器的周期性检修考核评分表

操作时间：60min

序号	考核项目	考核内容及要求（评分要点）	配分	评分标准	扣分
1	开工	办理作业票	30	作业票负责人按有关规定办理好作业票，完成三级交底作业，未办理扣5分	
		作业负责人对本班作业人员进行分工，并检查劳保用品		分工明确，所有作业人员正确使用劳保用品，分工错误或劳保用品使用错误，扣5分	
		作业负责人向所有作业人员交代作业任务、安全措施和安全注意事项		全体作业人员应明确作业范围、进度要求等内容，未交代或不明确作业任务、作业内容等，扣5分	
		到位人员签名		在到位人员签字栏上签名，未签名各扣2分	
2	检修内容	检查玻璃罩是否有破损	50	未检查或检查错误，每一项扣5分	
		检查各部位螺钉的紧固情况			
		废弃变色硅胶是否环保回收			
		变色硅胶填充量是否符合标准			
		密封垫是否正确安装			
		变压器油注入是否适量			
		新装入的变色硅胶是否符合要求			

(续)

序号	考核项目	考核内容及要求（评分要点）	配分	评分标准	扣分
3	竣工	正确使用各种工具和量具，不得损坏工具和量具	20	工具、量具使用方法不正确，一次扣2分 损坏工具、量具，扣5分	
		文明操作，清理工作现场，将工器具全部收拢并摆放有序，废弃物按相关规定处理，材料及备品备件回收清点		未清理工作现场、乱摆乱放工器具、未回收废弃物、材料及备品备件，每一项扣5分	
		总分	100	得分	

观察员： 　　　　　　操作员： 　　　　　　年　月　日

【评价反馈】

1. 自我评价（表1-1-6）。

表1-1-6　吸湿器的周期性检修自我评价表

我做得好的地方	我还存在这些方面的问题
□ 动作准确	□ 动作不到位
□ 工具使用规范	□ 工具使用不规范
□ 安装步骤熟悉	□ 安装步骤不熟悉
□ 零件摆放整齐	□ 零件摆放不整齐
□ 操作用时合理	□ 操作用时过长
□ 工作态度端正	□ 工作态度不够端正

2. 小组评价。

我们组做到了：□ 全员参与　□ 分工明确　□ 工作高效　□ 完成了工作任务

3. 教师评价（表1-1-7）。

表1-1-7　吸湿器的周期性检修教师评价表

序号	评价内容	评价指标	等次（星级评定）
1	活动态度方面	1）态度是否积极，是否主动组织或参与活动 2）与小组成员合作是否良好 3）活动是否认真、善始善终 4）是否勇于克服困难	
2	知识技能方面	1）查阅资料能力 2）实地观察记录能力 3）调查研究能力 4）整理材料能力	

【知识巩固】

一、选择题

1. 将崭新、干燥的变色硅胶倒入硅胶罐中,直至变色硅胶到达硅胶罐(　　)的位置。

　　A. 1/3　　　　　B. 1/2　　　　　C. 接近饱满　　　D. 多少都可以

2. 旋转安装吸湿器油杯,旋转到拧紧状态后,(　　),使得吸湿器和油杯不会太紧以致吸湿器和导管闭塞,从而使变压器出现防爆膜破裂、漏油、进水、假油位现象。

　　A. 继续拧紧直至拧死状态　　　　B. 反方向旋转油杯一圈半或者两圈

　　C. 反方向旋转油杯十圈　　　　　D. 不用再旋动

3. 将油杯中的旧变压器油倒尽后,用(　　)擦拭油杯。

　　A. 普通卷纸　　B. 吸油纸　　　C. 湿润毛巾　　　D. 衣服手袖

4. 变压器的吸湿器所起的作用是(　　)。

　　A. 用以清除变压器油中的水分和杂质

　　B. 用以吸收、净化变压器匝间短路时产生的烟气

　　C. 用以清除变压器吸入的空气中的杂质和水分

　　D. 以上任一答案均正确

5. 从事牵引变电所运行和检修工作的人员,必须实行(　　)。

　　A. 工长负责制　　　　　　　　　B. 民主集中制

　　C. 倒班制　　　　　　　　　　　D. 安全等级制度

6. 牵引变电所的电气设备自第一次受电开始即认定为(　　)。

　　A. 带电设备　　　　　　　　　　B. 供电段设备

　　C. 电力系统设备　　　　　　　　D. 变电所自管设备

7. 变压器电压比与匝数比(　　)。

　　A. 不成正比　　B. 成反比　　　C. 成正比　　　　D. 无关

8. 变压器空载时一次绕组中有(　　)。

　　A. 负荷电流　　　　　　　　　　B. 空载电流

　　C. 冲击电流　　　　　　　　　　D. 短路电流

9. 变压器不能使直流变压的原因是(　　)。

　　A. 直流电大小和方向不随时间变化

　　B. 直流电大小和方向随时间变化

　　C. 直流电大小随时间变化而方向不变

　　D. 直流电大小不变而方向随时间变化

10. 变压器投切时会产生(　　)。

　　A. 操作过电压　　　　　　　　　B. 大气过电压

　　C. 雷击过电压　　　　　　　　　D. 系统过电压

二、判断题

1. 更换主变压器吸湿器硅胶前,需将主变压器气体继电器保护改为只发信号报警运行方式,并通知调度员和集控中心值班员。（   ）

2. 在进行吸湿器变色硅胶及变压器油更换作业时,允许在恶劣天气或周围环境有烟火的情况下进行相关作业。（   ）

3. 拆除吸湿器油罐前,可以使用除锈剂在连接螺钉处均匀喷洒,以方便拆卸螺钉。（   ）

4. 拆除吸湿器时,应从底部托扶住吸湿器,避免其掉落破损,并用崭新、干燥的毛巾包住吸湿导管,以免空气和杂质直接进入储油柜胶囊。（   ）

三、简答题

1. 吸湿器的工作原理是什么?它对于变压器的运行有什么重要性?

2. 如何判断吸湿器的变色硅胶及变压器油是否需要更换?

3. 进行更换吸湿器的变色硅胶及变压器油作业后至运行 48h 内,应注意哪些事项?

任务二　气体继电器的周期性检修

【任务描述】

气体继电器是变压器的重要保护装置之一，需每年进行定期检修一次，并由值班员每日对其进行巡视，确保气体继电器能随时可靠动作。

【学习目标】

目标名称	目标内容
知识目标	学习变压器气体继电器的工作原理
	熟悉变压器气体继电器的故障及不正常工作状态
技能目标	能完成变压器气体继电器的周期性检修
	能根据变压器气体继电器的状态和参数判断其基本故障
素质目标	能与他人合作，进行有效沟通，能按 6S 管理规定进行作业
	具有良好的职业道德，能自觉遵守行业法规和企业规章制度

【知识准备】

一、气体继电器的原理

气体继电器是变压器的一种保护装置，装在变压器储油柜和油箱之间的管道内，利用变压器内部故障使变压器油分解产生的气体或造成的油流涌动驱动气体继电器的触点动作，接通指定的控制回路，并及时发出信号报警或启动保护元件自动切除变压器。

在变压器运行或者发生轻微故障时，由变压器油分解产生的气体上升流入气体继电器，气压使油面下降，气体继电器的开口杯随油面落下，使动、静触点接通发出信号，当气体继电器内的气体过多时，可以由气体继电器的放气阀将气体放出。

在变压器发生严重内部故障（特别是匝间短路等其他变压器保护不能快速动作

的故障）时，产生的强烈气体推动油流冲击挡板，挡板上的永久磁铁吸引自动切除变压器的干簧触点，使触点接通而让断路器跳闸，切除变压器。

二、气体继电器的结构

当变压器油箱内部发生故障时，短路电流产生的电弧使变压器油和其他绝缘材料分解，从而产生大量的可燃性气体。故障程度越严重，产生的气体越多，流速越快，气流中还会夹杂着细小的、灼热的变压器油。气体继电器保护是利用变压器油受热分解所产生的气体和油流来动作的保护。气体继电器结构如图 1-2-1 所示。

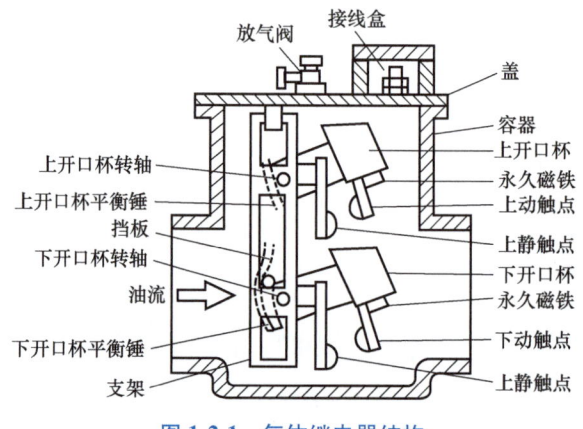

图 1-2-1 气体继电器结构

气体继电器保护的原理如图 1-2-2 所示。

切换片 XB 的作用：切换至虚线位置时，气体继电器保护只发信号报警，不使断路器跳闸，可用于新安装或大修后刚投运的变压器，由于此时变压器油中混入了较多空气，变压器保护可能误动。

出口中间继电器 KOM 带电压自保持线圈的目的：自动切除变压器保护是靠油流冲击挡板实现的，其压力释放较快，挡板

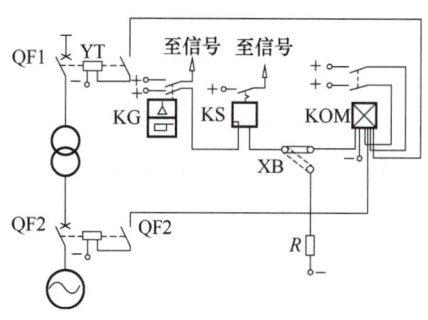

图 1-2-2 气体继电器保护的原理

可能不能保持触点的闭合状态至断路器跳闸，因此利用电压自保持线圈来满足该要求。

三、日常巡视

在变压器的日常巡视项目中首先应检查气体继电器内有无气体，对气体继电器的巡视应注意以下几点：

1) 气体继电器连接管上的阀门应在打开位置。
2) 变压器的吸湿器应在正常工作状态。
3) 切换片投入应正确。
4) 储油柜的油位应在合适位置，气体继电器内充满变压器油。

四、气体继电器的检修

1. 气体继电器的外部检查（见图1-2-3）

1）检查气体继电器外壳应完好,发现异常应更换或处理。

2）检查玻璃窗及其密封垫是否完好,发现破损应更换,密封垫应使用耐油橡胶垫。

3）检查放气阀操作是否灵活,底座密封垫是否完好,发现异常应更换或处理。

4）检查探针操作是否灵活,按下探针并突然放开时探针应返回原始位置,发现异常应处理。

5）检查接线柱及瓷套管是否完好,接线柱固定螺母应拧紧。

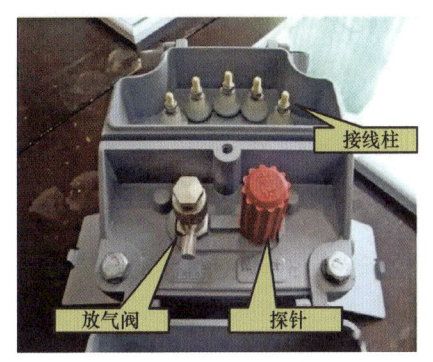

图1-2-3 气体继电器的外部检查

2. 气体继电器的内部检查

1）取出气体继电器芯子,拆去绑扎带,检查探针头与挡板挡头距离,该距离应不小于2mm。检查所有紧固螺钉是否松动,整个芯子支架各焊接处应牢固,如图1-2-4所示。

2）检查用于信号报警的气体继电器开口杯各焊缝,各焊缝应无漏焊,开口杯转动应灵活,轴向活动范围为0.3~0.5mm。重锤旋动应灵活,固定螺母时应配弹簧垫圈。

3）检查开口杯永久磁铁,其在框内不应松动。检查信号报警触点引线是否脱落,触点插入抱箍夹紧时不应松动,如图1-2-5所示。

图1-2-4 气体继电器结构（一）

图1-2-5 气体继电器结构（二）

4）检查用于自动切除变压器的挡板转动是否灵活,轴向活动范围为0.3~0.5mm。挡板永久磁铁在框内不应松动。检查自动切除变压器的触点引线是否脱落,触点插入抱箍夹紧时不应松动。

3. 气体继电器的动作可靠性检查

1）气体继电器动作时,必须保证触点的可动长片接触面对准永久磁铁吸合面,严禁装反,动作行程终止时,触点应保持在永久磁铁吸合面的中间位置,两者之间应有0.5~1mm的距离,否则应进行调整。

2）用于信号报警的气体继电器触点引线应接在"信号"接线柱。用于自动切除变压器的气体继电器的两个干簧触点应改为并联，接在"跳闸"接线柱。用电池灯泡检查触点，触点应可靠接通。

4. 气体继电器的安装及气体继电器保护整组检验

1）将检验合格的气体继电器安装在变压器本体与储油柜之间的导油管路中，要特别注意使气体继电器上箭头指向储油柜侧。

2）打开导油管上的油阀，使气体继电器充油。打开放气阀，拧松探针，让空气排出，直至放气阀冒油为止，拧紧探针关闭放气阀。

3）用打气法检查用于信号报警的气体继电器信号回路整组动作的正确性。用按下探针的方法检查用于自动切除变压器的气体继电器相关回路整组动作的正确性。

新安装和大修后的强迫油循环冷却变压器，应进行开、停全部油泵及冷却系统油路切换试验不少于 3 次，过程中气体继电器应可靠不动作。

【收集信息】

一、我们的学习任务是什么？

二、为顺利完成本学习任务，请按要求完成信息的收集。

1. 本次检修的设备：

2. 请根据本任务内容、维护手册及公司其他要求，确定维护工艺及验收标准（见表 1-2-1）。

表 1-2-1　气体继电器的周期性检修维护工艺及验收标准

序号	维护工艺	图示	验收标准
1	检查气体继电器外形完好，并试验各干簧触点的动作可靠性		
2	拆下运输封板，清理安装法兰，拆除运输时固定开口杯的线绳，按气体继电器外壳上标明的方向（箭头方向指向储油柜），将气体继电器安装在油箱和储油柜之间的管道内		

(续)

序号	维护工艺	图示	验收标准
3	安装各升高座的排气联管，使各升高座中有可能出现的所有气体均向气体继电器中集合		
4	安装导气盒及导管，导管不可折死弯，以保证油路畅通。多余导管盘成直径 250mm 左右圆圈固定在箱壁上		

【制订计划】

请根据气体继电器的周期性检修的任务要求，确定所需的维护仪器、工具，并对小组成员进行合理分工，制订详细的检查和维护计划。

1. 小组成员分工：＿＿＿＿＿＿＿＿＿＿＿＿＿＿＿＿＿＿＿＿＿＿＿＿＿＿
＿＿＿＿＿＿＿＿＿＿＿＿＿＿＿＿＿＿＿＿＿＿＿＿＿＿＿＿＿＿＿＿＿＿
＿＿＿＿＿＿＿＿＿＿＿＿＿＿＿＿＿＿＿＿＿＿＿＿＿＿＿＿＿＿＿＿＿＿

2. 备品备件准备：＿＿＿＿＿＿＿＿＿＿＿＿＿＿＿＿＿＿＿＿＿＿＿＿＿＿
＿＿＿＿＿＿＿＿＿＿＿＿＿＿＿＿＿＿＿＿＿＿＿＿＿＿＿＿＿＿＿＿＿＿
＿＿＿＿＿＿＿＿＿＿＿＿＿＿＿＿＿＿＿＿＿＿＿＿＿＿＿＿＿＿＿＿＿＿

3. 危险点分析：＿＿＿＿＿＿＿＿＿＿＿＿＿＿＿＿＿＿＿＿＿＿＿＿＿＿＿
＿＿＿＿＿＿＿＿＿＿＿＿＿＿＿＿＿＿＿＿＿＿＿＿＿＿＿＿＿＿＿＿＿＿
＿＿＿＿＿＿＿＿＿＿＿＿＿＿＿＿＿＿＿＿＿＿＿＿＿＿＿＿＿＿＿＿＿＿

4. 安全措施：＿＿＿＿＿＿＿＿＿＿＿＿＿＿＿＿＿＿＿＿＿＿＿＿＿＿＿＿
＿＿＿＿＿＿＿＿＿＿＿＿＿＿＿＿＿＿＿＿＿＿＿＿＿＿＿＿＿＿＿＿＿＿
＿＿＿＿＿＿＿＿＿＿＿＿＿＿＿＿＿＿＿＿＿＿＿＿＿＿＿＿＿＿＿＿＿＿

5. 作业程序及标准：＿＿＿＿＿＿＿＿＿＿＿＿＿＿＿＿＿＿＿＿＿＿＿＿＿
＿＿＿＿＿＿＿＿＿＿＿＿＿＿＿＿＿＿＿＿＿＿＿＿＿＿＿＿＿＿＿＿＿＿
＿＿＿＿＿＿＿＿＿＿＿＿＿＿＿＿＿＿＿＿＿＿＿＿＿＿＿＿＿＿＿＿＿＿

【任务实施】

1. 按表 1-2-2 完成作业前准备。

表 1-2-2　气体继电器的周期性检修作业前准备

出发前准备	人员	人员资质、职业禁忌、身体状况、精神状态满足作业要求	确认（　）
	仪器工具	梯子、活扳手、螺钉旋具	确认（　）
	技术资料	作业指导书	确认（　）
	防护用品	安全帽、工作服、安全带	确认（　）
	物资材料	相关物资、备品备件、变压器油	确认（　）
	车辆	已开展车辆安全检查，并已确定最佳行驶路线	确认（　）

（续）

进场前准备	1）安排作业班成员在指定地点耐心等候 2）办理作业许可手续，确保现场安全措施符合作业要求 3）再次核查人数相符和个人防护用品正确佩戴 4）作业负责人在首位，作业班按指定路线列纵队进场		确认（　）
作业和安全技术交底		作业负责人向作业班成员交代作业任务、作业范围、安全措施、分工安排	确认（　）
	应急事项	遇紧急情况，作业人员应根据现场情况按照以下的紧急处理程序进行处理： 1）发生人员坠落、人员触电、人员中暑等严重威胁生命的情况时，立即向当值调度员和本部门领导、安全监督人员报告并将遇险人员转移到安全地点进行急救，同时拨打120电话联系医院派救护车前来救援 2）发生碰伤、扭伤等较轻微且不危及生命的伤病时，先暂停作业进行紧急处理，再视伤病严重程度考虑是否送医院治疗 3）发生误碰设备跳闸事故时，应立即停止作业，并通知许可人	确认（　）
风险评估	风险	控制措施	
	误入带电区域，触电伤亡	作业负责人带领进入作业现场；核对设备名称和编号	确认（　）
	摔倒	穿防滑鞋	确认（　）
	序号　现场评估后补充风险	临时应对措施	确认（　）

2. 完成作业过程。

1）按表1-2-3登记作业内容。

表1-2-3　气体继电器的周期性检修作业内容登记表

项目	风险		控制措施	
				确认（　）
仪器/仪表	名称	型号	厂家	有效日期
作业标准				
作业记录				确认（　）
试验日期		环境温度/℃	环境相对湿度（%）	

2）按表1-2-4完成作业终结记录。

表1-2-4　气体继电器的周期性检修作业终结记录表

序号	项目	内容	作业记录
1	恢复现场	作业中临时做的措施已全部恢复（如临时接地线等）	确认（　）
2	清理现场	清理、撤离现场前，将仪器、工具、材料等搬离现场	确认（　）

（续）

序号	项目	内容	作业记录
3	作业终结	1) 作业负责人在首位，按指定路线列纵队退场 2) 安排作业班成员到指定地点耐心等候 3) 结束作业，办理作业终结手续	确认（ ）
4	作业后记录	作业完成后，完成相关电子、纸质记录	确认（ ）
5	发现问题及处理结果	问题描述 处理结果 存在的问题已告知作业班班长或安全区代表	确认（ ）
6	风险变化情况	补充了新增风险，并已告知作业班班长或安全区代表	确认（ ）
7	作业结论	合格（ ） 不合格（ ）	确认（ ）

【检查与控制】

观察员根据操作员的工作过程完成考核评分，具体考核评分细则见表1-2-5。

表1-2-5 气体继电器的周期性检修考核评分表

操作时间：60min

序号	考核项目	考核内容及要求（评分要点）	配分	评分标准	扣分
1	开工	办理作业票	30	作业票负责人按有关规定办理好作业票，完成三级交底作业，未办理扣5分	
		作业负责人对本班作业人员进行分工，并检查劳保用品		分工明确，所有作业人员正确使用劳保用品，分工错误或劳保用品使用错误，扣5分	
		作业负责人向所有作业人员交代作业任务、安全措施和安全注意事项		全体作业人员应明确作业范围、进度要求等内容，未交代或不明确作业任务、作业内容等，扣5分	
		到位人员签名		在到位人员签字栏上签名，未签名各扣2分	
2	检修内容	气体继电器方向安装正确	50	未检查或检查错误，每一项扣5分	
		检查气体继电器外壳是否完好			
		检查玻璃窗、密封垫是否完好			
		检查放气阀操作是否灵活			
		检查底座密封垫是否完好			
		检查探针操作是否灵活			
		检查接线柱及瓷套管是否完好			
		接线柱固定螺母应拧紧			
		探针头与挡板挡头距离不小于2mm			

(续)

序号	考核项目	考核内容及要求（评分要点）	配分	评分标准	扣分
2	检修内容	所有紧固螺钉是否松动 开口杯转动应灵活 开口杯永久磁铁在框内不应松动 用于自动切除变压器的气体继电器挡板转动是否灵活 密封垫应使用耐油橡胶垫 按下探针并突然放开，探针应返回原始位置	50	未检查或检查错误，每一项扣5分	
3	竣工	正确使用各种工具和量具，不得损坏工具和量具	20	工具、量具使用方法不正确，一次扣2分 损坏工具、量具，扣5分	
		文明操作，清理作业现场，将工器具全部收拢并摆放有序，废弃物按相关规定处理，材料及备品备件回收清点		未清理作业现场、乱摆乱放工器具、未回收废弃物、材料及备品备件，每一项扣5分	
	总分		100	得分	

观察员：　　　　　　　操作员：　　　　　　　年　月　日

【评价反馈】

1. 自我评价（表1-2-6）。

表1-2-6　气体继电器的周期性检修自我评价表

我做得好的地方	我还存在这些方面的问题
□ 动作准确	□ 动作不到位
□ 工具使用规范	□ 工具使用不规范
□ 安装步骤熟悉	□ 安装步骤不熟悉
□ 零件摆放整齐	□ 零件摆放不整齐
□ 操作用时合理	□ 操作用时过长
□ 工作态度端正	□ 工作态度不够端正

2. 小组评价。

我们组做到了：□ 全员参与　□ 分工明确　□ 工作高效　□ 完成了工作任务

3. 教师评价（表1-2-7）。

表1-2-7　气体继电器的周期性检修教师评价表

序号	评价内容	评价指标	等次（星级评定）
1	活动态度方面	1）态度是否积极，是否主动组织或参与活动 2）与小组成员合作是否良好 3）活动是否认真、善始善终 4）是否勇于克服困难	

(续)

序号	评价内容	评价指标	等次（星级评定）
2	知识技能方面	1）查阅资料能力 2）实地观察记录能力 3）调查研究能力 4）整理材料能力	

【知识巩固】

一、选择题

1. 气体继电器内有气体（　　）。

   A. 说明内部有故障　　　　　　B. 不一定有故障

   C. 说明有较大故障　　　　　　D. 没有故障

2. 一般气体继电器的气体容积的整定范围为（　　）cm^3。

   A. 150～200　　　　　　　　　B. 250～300

   C. 350～400　　　　　　　　　D. 405～425

3. 绝缘电阻表俗称（　　）。

   A. 摇表　　　　　　　　　　　B. 欧姆表

   C. 兆欧表　　　　　　　　　　D. 万用表

4. 气体继电器保护是变压器的（　　）。

   A. 主后备保护　　　　　　　　B. 内部故障的主保护

   C. 外部故障的主保护　　　　　D. 外部故障的后备保护

5. 变压器内部故障时，可能起动（　　）。

   A. 差动保护　　　　　　　　　B. 气体继电器保护

   C. 过负荷保护　　　　　　　　D. 差动保护和气体继电器保护

6. 容量在（　　）kVA 以上的变压器应装设气体继电器保护。

   A. 400　　　　　　　　　　　 B. 800

   C. 1000　　　　　　　　　　　D. 7500

7. 变压器气体继电器保护动作的原因是变压器（　　）。

   A. 内部故障　　　　　　　　　B. 套管故障

   C. 电压过高　　　　　　　　　D. 电流互感器故障

8. 直流操作母线电压的波动不应超过额定值的±（　　）%。

   A. 5　　　　　　B. 10　　　　　　C. 15

9. 牵引变电所工长和值班员要随时巡视检修作业组，发现危及人身、行车和设备安全的违章作业时，应采取（　　）的措施。

   A. 对违章人罚款

   B. 停止作业

   C. 给予工作领导人警告

   D. 制止其作业，收回工作票，令其撤离作业地点

二、判断题

1. 检修作业人员中的高空作业人员可以不戴安全帽,但地面人员必须戴安全帽。（ ）
2. 工作领班人主要监护作业组成员的作业安全,不具体参加工作。（ ）
3. 对停电作业的设备,必须从可能来电的方向切断电源,并有明显的断开点。（ ）
4. 变压器的故障可分为内部故障（变压器油箱里面发生的各类故障）和外部故障（变压器油箱外部绝缘套管及其引出线上发生的各类故障）。（ ）
5. 因为差动保护和气体继电器保护的动作原理不同,因而差动保护不能代替气体继电器保护。（ ）
6. 差动保护能够代替气体继电器保护。（ ）
7. 气体继电器保护能对变压器油箱内的任何故障做出反应,差动保护却不能,因此差动保护不能代替气体继电器保护。（ ）
8. 变压器的气体继电器保护范围在差动保护范围内,这两种保护均为瞬动保护,所以可用差动保护来代替气体继电器保护。（ ）
9. 气体继电器保护的保护范围不如差动保护大,对电气故障的反应也比差动保护慢。所以,差动保护可以取代气体继电器保护。（ ）
10. 变压器的差动保护和气体继电器保护都是变压器的主保护,它们的作用不能完全替代。（ ）
11. 当变压器发生少数绕组匝间短路时,匝间短路电流很大,因而使气体继电器保护和各种类型的变压器差动保护动作跳闸。（ ）
12. 变压器的气体继电器保护与纵差保护范围相同,二者互为备用。（ ）
13. 8MVA 及以上容量的油浸式变压器,应装设气体继电器保护。（ ）
14. 在变压器高压侧引线出现单相接地故障时,单相短路电流导致变压器油受热膨胀,从而使气体继电器保护动作跳闸。（ ）
15. 气体继电器保护是防御变压器油箱内各种短路故障和油面降低的保护。（ ）

三、简答题

1. 变压器并列运行的条件有哪些？为什么？
2. 气体继电器信号报警保护动作的原因有哪些？
3. 哪些故障可能使气体继电器自动切除变压器保护动作？

任务三　温度计的周期性检修

【任务描述】

变压器的温度是通过温度计被实时监控的，因此需每年对温度计进行检修，确保检测变压器温度的准确性。通过对变压器温度的监测，可以反映变压器的部分运行情况。

【学习目标】

目标名称	目标内容
知识目标	能口述温度计的工作原理
	能口述温度计的检修方法和步骤
技能目标	能完成温度计的周期性检修
	掌握温度计的诊断工作
素质目标	能与他人合作，进行有效沟通，能按 6S 管理规定进行作业
	具有良好的职业道德，能自觉遵守行业法规和企业规章制度

【知识准备】

一、工作原理

变压器温度计，主要由弹性元件、毛细管、温包和微动开关组成。其中 BWR-04 型温度计（见图 1-3-1）具有良好的防护性能，能在户外条件下正常工作。其内部有四个微动开关，可用于变压器冷却系统的启动、信号报警和事故跳闸。同时也能将温度信号远传到控制中心，并同步显示变压器油温。

二、日常维修内容

1. 接线

BWR-04 型温度计和数显仪 XMT 两部分之间的连接采用 KVV6×1.5mm² 电缆（用户自备），如图 1-3-2 所示，BWR-04 型温度计有两条电缆，其中接线端子 13~18 为一条 KVV6×1.5mm² 电缆，用于连接 XMT（XST）及 CT，四个微动开关使用另一条 KVV6×1.5mm² 电缆（用户根据需要可接常开触点或常闭触点）。

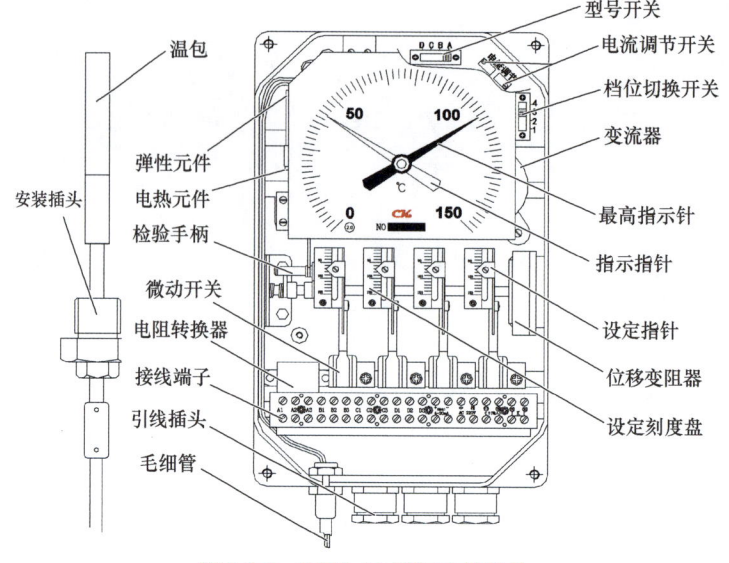

图 1-3-1 BWR-04 型温度计结构

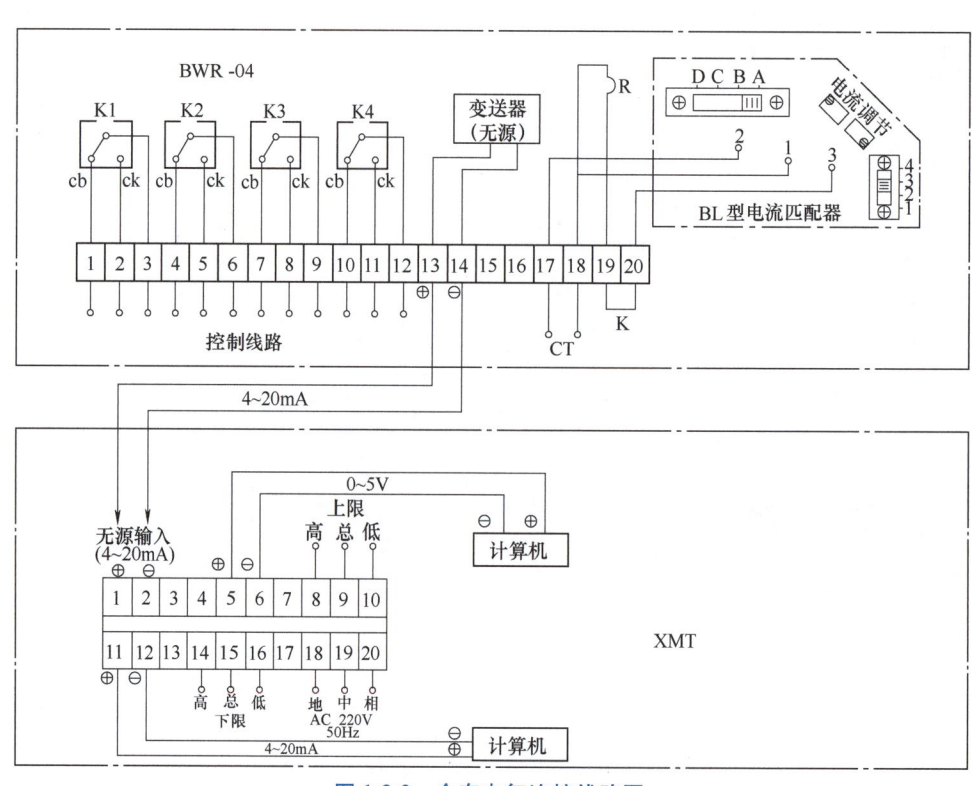

图 1-3-2 全套电气连接线路图

2. I_S 值整定

如图 1-3-3 所示，I_S 为 BWR-04 型温度计的工作电流，因每台油浸式变压器的电流互感器（CT）额定输出电流都可能不同，绕组与变压器油的温差也可能不同，不同的温差需要不同值的工作电流 I_S 进行模拟。温度计出厂前，已根据 CT 额定二次电流 5A 和绕组对变压器油的平均温升 $\Delta T = 20℃$，将温度计工作电流 I_S 整定在 1.0A，用户使用的场合如不符合上述参数时，在使用前应先进行工作电流 I_S 整定，具体操作步骤如下：

1）拧松外壳上的 M6 螺栓，打开表盖，将接线端子 19 和 20 之间的短路线摘掉，（接线端子19和20是为校验I_S电流值专用的），然后按图1-3-3所示接线。

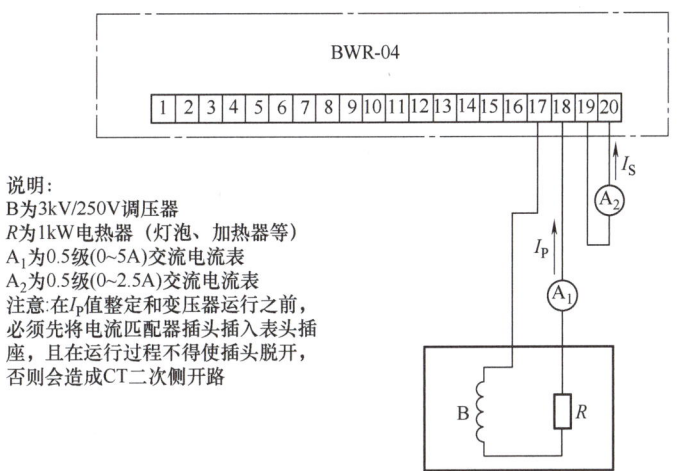

图1-3-3　I_S值整定接线图

2）查阅变压器的说明书，了解变压器的额定电流和CT的变比，得出CT的额定二次电流值I_P，例如：变压器的额定电流为500A，CT的变比为500∶5，则I_P = 500/(500/5)A = 5A。

3）根据电流匹配器技术参数表选定电流匹配器型号，并将电流匹配器型号开关拨至对应型号位置，例如I_P = 5A对应BL-A型，则把型号开关拨至"A"位置。电流匹配器是一种电流变换装置，它的作用是为BWR-04提供工作电流。CT取出的与负荷成正比的电流，经电流匹配器调整后，通过嵌装在弹性元件内的热元件产生热量，使弹性元件的位移量增大。因此当变压器带上负荷后，弹性元件的位移量是由变压器顶层油温和变压器负荷电流二者所共同决定的。则BWR-04指示的温度是变压器顶层油温与绕组对变压器油的温升之和，反映了被测变压器绕组的最热部位平均温度。

4）查阅变压器的说明书，得出绕组对变压器油的平均温升ΔT（也可向变压器制造厂索取此值），例如查得ΔT = 20℃。

5）再根据电热元件温升特性图查出对应的I_S，如根据步骤4）中举例的值，对应的I_S = 1A。

6）按公式$I_S∶I_P$ = 1∶5 = 20%，由变压器技术参数表查得档位切换开关应为"3"，则将档位切换开关拨至相应位置。

7）接通电源，调整调压器，使输入电流I_P（电流表A_1的指示值）等于CT额定二次电流值，例如I_P = 5A。

8）调整电流匹配器上的电流调节器，使得I_S = 1A（电流表A_2的指示值）。

9）校验完毕后，将接线端子19、20按原样连接好。

3. 开关整定

1）拧松白色设定指针上的圆柱头固定螺钉；左手护紧检验手柄，然后转动设定刻度盘，使设定指针对准所需设定值，再拧紧固定螺钉。

2）缓慢向下拨动检验手柄（仪表左侧），使得指示指针缓缓地向温度上限方向移动，每经过一个温度设定点时，都能听到相对应微动开关的触点动作声（或用万用表检测），这样即可调整和检查设定值的正确性。

3）开关出厂时 K1 为 50℃，K2 为 70℃，分别用于冷却容量分级投入；K3 为 100℃，K4 为 120℃，分别用于报警和跳闸信号。

4. 接线安装

1）整定结束后，按图 1-3-2 进行接线，然后合上表盖，拧紧螺母。

2）把温度计安装在安装板的三个 M6×20 螺栓上，拧紧螺栓。

3）在变压器油箱顶部的温度计安装孔管内注满变压器油，然后插入温包并拧紧。

4）安装螺母。在完全拧紧安装螺母前应调整好温包的插入深度（尽可能取最大插入深度，保证温包被变压器油完全浸没）。

5）温包与表头之间的毛细管必须有相应的固定（间距在 300mm 为宜），弯曲半径应大于 100mm。

6）XMT（XST）是为信号远传所配置的，接线可查仪表后方的示意图得知。

【收集信息】

一、我们的学习任务是什么？

二、为顺利完成本学习任务，请按要求完成信息的收集。

1. 本次检修的设备：

2. 请根据本任务内容、维护手册及公司其他要求，确定维护工艺及验收标准见表 1-3-1。

表 1-3-1　温度计的周期性检修维护工艺及验收标准

项目	维护工艺	图示	验收标准
温度计的周期性检修	温度计座安装在变压器的油箱盖上，靠近储油柜一侧，旋开温度计座上的帽盖，向温度计座内注入 2/3 变压器油，然后插入温包并拧紧		
	多余毛细管盘绕整齐，固定在油箱壁上		
	温度计温包插入并旋紧后，应用防水胶带将连接处粘接妥当		

【制订计划】

请根据温度计的周期性检修的任务要求,确定所需的维护仪器、工具,并对小组成员进行合理分工,制订详细的检查和维护计划。

1. 小组成员分工:_____
_____
_____

2. 备品备件准备:_____
_____
_____

3. 危险点分析:_____
_____
_____

4. 安全措施:_____
_____
_____

5. 作业程序及标准:_____
_____
_____

【任务实施】

1. 按表1-3-2完成作业前准备。

表1-3-2 温度计的周期性检修作业前准备

出发前准备	人员	人员资质、职业禁忌、身体状况、精神状态满足作业要求	确认( )
	仪器工具	梯子、活扳手、手套	确认( )
	技术资料	作业指导书、相关技术资料	确认( )
	防护用品	安全帽、安全带两套、工作服	确认( )
	物资材料	相关物资、备品备件、变压器油、防水胶带、尼龙扎带	确认( )
	车辆	已开展车辆安全检查,并已确定最佳行驶路线	确认( )
进场前准备		1)安排作业班成员在指定地点耐心等候 2)办理作业许可手续,确保现场安全措施符合作业要求 3)再次核查人数相符和个人防护用品正确佩戴 4)作业负责人在首位,作业班按指定路线列纵队进场	确认( )

（续）

作业和安全技术交底		作业负责人向作业班成员交代作业任务、作业范围、安全措施、分工安排	确认（ ）
	应急事项	遇紧急情况，作业人员应根据现场情况按照以下的紧急处理程序进行处理： 1) 发生人员坠落、人员触电、人员中暑等严重威胁生命的情况时，立即向当值调度员和本部门领导、安全监督人员报告并将遇险人员转移到安全地点进行急救，同时拨打120电话联系医院派救护车前来救援 2) 发生碰伤、扭伤等较轻微且不危及生命的伤病时，先暂停作业进行紧急处理，再视伤病严重程度考虑是否送医院治疗 3) 发生误碰设备跳闸事故时，应立即停止作业，并通知许可人	确认（ ）
风险评估	风险	控制措施	
	误入带电区域，触电伤亡	作业负责人带领进入作业现场；核对设备名称和编号	确认（ ）
	高空坠落	穿防滑鞋、系安全带	确认（ ）
	序号　现场评估后补充风险	临时应对措施	
			确认（ ）

2. 完成作业过程。

1）按表1-3-3登记作业内容。

表1-3-3　温度计的周期性检修作业内容登记表

项目	风险		控制措施	
				确认（ ）
仪器/仪表	名称	型号	厂家	有效日期
作业标准				
作业记录				确认（ ）
试验日期		环境温度/℃	环境相对湿度（%）	

2）按表1-3-4完成作业终结记录。

表1-3-4　温度计的周期性检修作业终结记录表

序号	项目	内容	作业记录
1	恢复现场	作业中临时做的措施已全部恢复（如临时接地线等）	确认（ ）
2	清理现场	清理、撤离现场前，将仪器、工具、材料等搬离现场	确认（ ）
3	作业终结	1) 作业负责人在首位，按指定路线列纵队退场 2) 安排作业班成员到指定地点耐心等候 3) 结束作业，办理作业终结手续	确认（ ）

(续)

序号	项目	内容		作业记录
4	作业后记录	作业完成后，完成相关电子、纸质记录		确认（　）
5	发现问题及处理结果	问题描述		确认（　）
		处理结果		
		存在的问题已告知作业班班长或安全区代表		
6	风险变化情况	补充了新增风险，并已告知作业班班长或安全区代表		确认（　）
7	作业结论	合格（　）　　不合格（　）		确认（　）

【检查与控制】

观察员根据操作员的工作过程完成考核评分，具体考核评分细则见表1-3-5。

表 1-3-5　温度计的周期性检修考核评分表

操作时间：60min

序号	考核项目	考核内容及要求（评分要点）	配分	评分标准	扣分
1	开工	办理作业票	30	作业票负责人按有关规定办理好作业票，完成三级交底作业，未办理扣5分	
		作业负责人对本班作业人员进行分工，并检查劳保用品		分工明确，所有作业人员正确使用劳保用品，分工错误或劳保用品使用错误，扣5分	
		作业负责人向所有作业人员交代作业任务、安全措施和安全注意事项		全体作业人员应明确作业范围、进度要求等内容，未交代或不明确作业任务、作业内容等，扣5分	
		到位人员签名		在到位人员签字栏上签名，未签名各扣2分	
2	检修内容	是否经过热仪表校验合格	50	未检查或检查错误，每一项扣10分	
		检查各部位螺钉的紧固情况			
		是否注入少量变压器油			
		温度计安装在变压器油箱上时是否牢固			
		毛细管的敷设符合要求			
		弯曲半径不得小于75mm			
		每段固定间距不得小于300mm			
3	竣工	正确使用各种工具和量具，不得损坏工具和量具	20	工具、量具使用方法不正确，一次扣2分 损坏工具、量具，扣5分	

(续)

序号	考核项目	考核内容及要求（评分要点）	配分	评分标准	扣分
3	竣工	文明操作，清理作业现场，将工器具全部收拢并摆放有序，废弃物按相关规定处理，材料及备品备件回收清点	20	未清理作业现场、乱摆乱放工器具、未回收废弃物、材料及备品备件，每一项扣5分	
		总分	100	得分	

观察员：　　　　　　　　　操作员：　　　　　　　　年　月　日

【评价反馈】

1. 自我评价（表1-3-6）。

表1-3-6　温度计的周期性检修自我评价表

我做得好的地方	我还存在这些方面的问题
□ 动作准确	□ 动作不到位
□ 工具使用规范	□ 工具使用不规范
□ 安装步骤熟悉	□ 安装步骤不熟悉
□ 零件摆放整齐	□ 零件摆放不整齐
□ 操作用时合理	□ 操作用时过长
□ 工作态度端正	□ 工作态度不够端正

2. 小组评价。

我们组做到了：□ 全员参与　□ 分工明确　□ 工作高效　□ 完成了工作任务

3. 教师评价（表1-3-7）。

表1-3-7　温度计的周期性检修教师评价表

序号	评价内容	评价指标	等次（星级评定）
1	活动态度方面	1）态度是否积极，是否主动组织或参与活动 2）与小组成员合作是否良好 3）活动是否认真、善始善终 4）是否勇于克服困难	
2	知识技能方面	1）查阅资料能力 2）实地观察记录能力 3）调查研究能力 4）整理材料能力	

【知识巩固】

一、选择题

1. 电力变压器运行中温度计失灵，应（　　）。

A. 立即停电检修

B. 照常继续运行

C. 立即贴装水银温度计监视器身温度

D. 向上级有关领导汇报

2. 变压器的压力式温度计，所指示的温度是（　　）。

　　A. 上层油温　　　　B. 铁心温度　　　　C. 绕组温度　　　　D. 外壳温度

3. 变压器运行时，温度最高的部位是（　　）。

　　A. 铁心　　　　　　　　　　　　　　B. 绕组

　　C. 上层绝缘油　　　　　　　　　　　D. 下层绝缘油

4. 油浸式变压器的温度计所反映的温度是变压器的（　　）。

　　A. 上部温度　　　B. 中部温度　　　C. 下部温度　　　D. 匝间温度

5. 变压器的使用年限主要决定于（　　）的运行温度。

　　A. 绕组　　　　　B. 铁心　　　　　C. 变压器油　　　D. 外壳

6. 绝缘电阻表正常测量时的摇速为（　　）r/min。

　　A. 120　　　　　　B. 90　　　　　　C. 200　　　　　　D. 10

7. 变压器温度升高时，绝缘电阻测量值（　　）。

　　A. 增大　　　　　　　　　　　　　　B. 降低

　　C. 不变　　　　　　　　　　　　　　D. 成比例增大

二、判断题

1. 供配电回路停送电应当约定时间进行。　　　　　　　　　　　　　（　　）

2. 电气设备停电后，在没有断开电源开关和采取安全措施以前，不得触及设备或进入设备的遮栏内，以免发生人身触电事故。　　　　　　　　　　　（　　）

3. 35kV 电压指示器（验电器）可以在 10kV 电压等级的线路或设备上验电使用。　　　　　　　　　　　　　　　　　　　　　　　　　　　　　　（　　）

4. 事故抢修时，若情况紧急可不开工作票，但应向电调报告事故概况，听从电调指挥，在作业前必须按规定做好安全措施。　　　　　　　　　　　（　　）

5. 挪动手持式电动工具时，只能手提握柄，不能提导线、插头。　　（　　）

6. 高处作业时要使用专门的用具传递工具、零部件和材料等，不得抛掷传递。　　　　　　　　　　　　　　　　　　　　　　　　　　　　　　（　　）

7. 在牵引变电所内搬动梯子、长大工具、材料、部件时，要时刻注意与带电部分保持足够的安全距离。　　　　　　　　　　　　　　　　　　　　（　　）

8. 手摇式绝缘电阻表使用时的转速为 120r/min。　　　　　　　　　（　　）

9. 变电专业技术人员、领工员在牵引变电所内有权单独巡视设备，巡视时经牵引变电所工长同意后，可以巡视高压设备。　　　　　　　　　　　（　　）

10. 拆除接地线时要先拆除接地端，后拆导体端。　　　　　　　　（　　）

三、简答题

1. 变压器使用的温度计有哪几种？

2. 变压器的温度和温升有什么区别？

3. 变压器温度计如何选择？

任务四 储油柜的周期性检修

【任务描述】

储油柜用以补偿变压器油由于温度变化而膨胀或收缩产生的体积变化，它对维护变压器的正常运行起着重要的保护作用。

【学习目标】

目标名称	目标内容
知识目标	能口述储油柜的工作原理
	能口述储油柜的检修方法和步骤
技能目标	能完成储油柜的周期性检修
	掌握储油柜的诊断工作
素质目标	能与他人合作，进行有效沟通，能按 6S 管理规定进行作业
	具有良好的职业道德，能自觉遵守行业法规、规划和企业规章制度

【知识准备】

一、储油柜原理

储油柜是用于变压器的一种储油装置（见图 1-4-1），当变压器由于负荷增大，变压器油的温度升高时，油箱内的变压器油会膨胀，这时过多的变压器油就会流入储油柜。反之温度降低时，储油柜内的变压器油会再流入油箱，储油柜由此起到自动调整油面的作用，也就是起到储油和补油作用，保证油箱内随时充满变压器油。同时，由于装备了储油柜，变压器与空气的接触面会减小，且从空气中吸收的水分、灰尘和氧化后的油垢都会沉积在储油柜底部的沉积器中，从而大大减缓了变压器油的劣化速度。

图 1-4-1 储油柜

二、储油柜的结构

储油柜的主体是用钢板焊接成的圆筒形容器,其容积大约为油箱容积的10%。储油柜水平安装在油箱的顶部,里面的变压器油通过气体继电器的连通管道与变压器油箱连通,使油面能够随着温度的变化而自由地升降。正常情况时,储油柜内的最低油面应高过高压套管的升高座,对于装有连通结构的套管,储油柜内的最低油面应高过套管的顶部。在储油柜的侧面装有玻璃油位计,能随时观察到储油柜内油位的变化情况。

三、储油柜的形式

1. 胶囊式储油柜

胶囊式储油柜里面用橡胶胶囊将变压器油与外部大气隔开,并给变压器油提供热胀冷缩的空间。

2. 隔膜式储油柜

隔膜式储油柜用橡胶隔膜将变压器油与外部大气隔开,并给变压器油提供热胀冷缩的空间。

3. 波纹式储油柜

波纹式储油柜用金属波纹片组成的金属膨胀器将变压器油与外部大气隔开,并给变压器油提供热胀冷缩的空间。波纹式储油柜分为外油式和内油式两种,内油式的性能较好,但体积较大。

如图1-4-2所示,BP1型波纹式储油柜采用不锈钢波纹管补偿技术,代替了另两种储油柜中的胶囊或隔膜,实现了对变压器油的体积补偿和与外界隔离,防止变压器油吸湿氧化。当变压器油升温而体积膨胀时,波纹管被压缩,移向固定端;当油位过高时,波纹管压缩到一定程度便会报警;当变压器油降温而体积收缩时,波纹管在大气压作用下自行伸长。

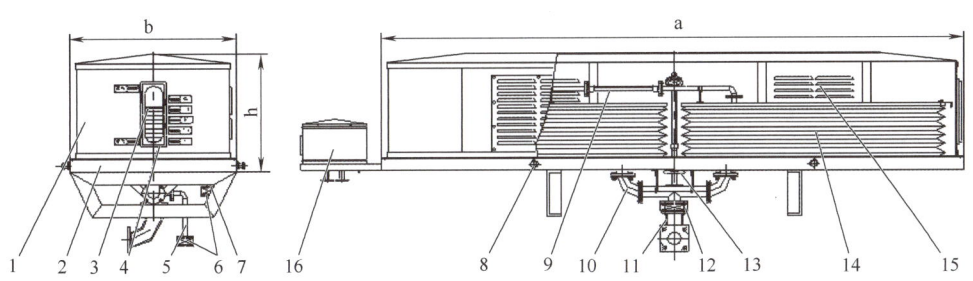

图 1-4-2　BP1 型波纹式储油柜

1—柜罩　2—柜座　3—油位计　4—视窗　5—注油管　6—40 蝶阀　7—排气管　8—吊柄　9—排气软连接管
10—输油管路　11—输油软连接管　12—80 蝶阀　13—接线盒(语音报警)　14—波纹膨胀芯体
15—散热窗(BP1a 型)　16—储油柜

四、储油柜的安装及使用

1. 胶囊式储油柜

(1)胶囊式储油柜安装

1)先充气验查渗漏,然后将胶囊平行地固定在储油柜内顶壁的螺栓上,接好三通接头并密封好。

2）在变压器真空注油后，打开放气塞与油箱的连通蝶阀，拆下吸湿器密封垫。

3）向油箱内注变压器油，此时胶囊上浮，胶囊内空气经吸湿器排出，储油柜内空气由放气塞排出。

4）当变压器油注满并从放气塞溢出时，拧紧放气塞，最后开启油位计连接管，使油位计内充满变压器油，再从油箱下放油，至储油柜规定的油位即可。

（2）胶囊式储油柜注油方法　注油方法主要分为压缩空气法排气和注油法排气。

胶囊式储油柜压缩空气法排气操作步骤为：

1）先把排气塞或排气阀门打开，并通过注油阀门向储油柜内注油到适宜的高度。

2）打开吸湿器连接管，用压缩空气向胶囊内慢慢充气，由于胶囊的膨胀，储油柜内的空气从排气塞或排气阀门排出，待储油柜内的空气基本排净后，立即将排气塞重新拧上，关闭排气阀门，以避免下一步操作时空气泄入。

3）最后向储油柜内注油至正常油位，并把吸湿器的连接管重新装上。

胶囊式储油柜注油法排气操作步骤为：

1）先将储油柜上方的排气塞或接在连接管上的排气阀门打开。

2）通过注油阀门向储油柜内注油，此时胶囊向上压缩，胶囊内的空气通过吸湿器排出，储油柜内空气由排气塞或排气阀门排出，直到变压器油到顶为止。

3）待排气塞或排气阀门处有变压器油溢出时，说明储油柜内已充满，空气基本排清，即可把排气塞重新拧上，关闭排气阀门，以避免下一步操作时空气泄入。

4）通过注油阀门把变压器油放至油位计指出的正常油面线为止（若排气时吸湿器已拆除，放油前必须装上）。

5）随着储油柜的放油，胶囊即自行充满储油柜油面上的空间并正常地浮在油面上，到此，储油柜即可投入运行。

注意事项：

1）安装前必须熟悉使用说明书，胶囊式储油柜的结构如图1-4-3所示。

2）定期抽试油样，检查各密封处情况及胶囊是否有渗油或破裂，胶囊检漏气压不得大于19.6kPa。

3）变压器整体真空注油时，必须关闭储油柜蝶阀，以防损坏胶囊。储油柜注油时应采用静压注油法。

4）变压器在运行时如发现储油柜有少量缺油，可从储油柜顶部的放气塞处进行补油，补油后应及时将放气塞重新拧紧。

2. 隔膜式储油柜

隔膜式储油柜安装方法如下：

1）检查隔膜是否干净，有无损伤。检查完成后重新装入储油柜并拧紧放气塞，然后经气体继电器的连接管蝶阀充以19.6kPa压力的气体，应持续30min无漏气现象。

2）将铁磁油位计伸入柜中，并将其连杆用绳绑在柜顶内壁的钩环上而不与隔膜相连，用WYJBX电缆线进行插头焊接，然后按电路图引出高、低油位报警信号。

3）待变压器真空注油结束后，安装气体继电器，并从油箱或储油柜处加注变压器油至正常油位。

4）变压器注满油并静置一段时间后，打开储油柜上的放气塞，确认有变压器油溢出后，再正式将连杆与隔膜相连。

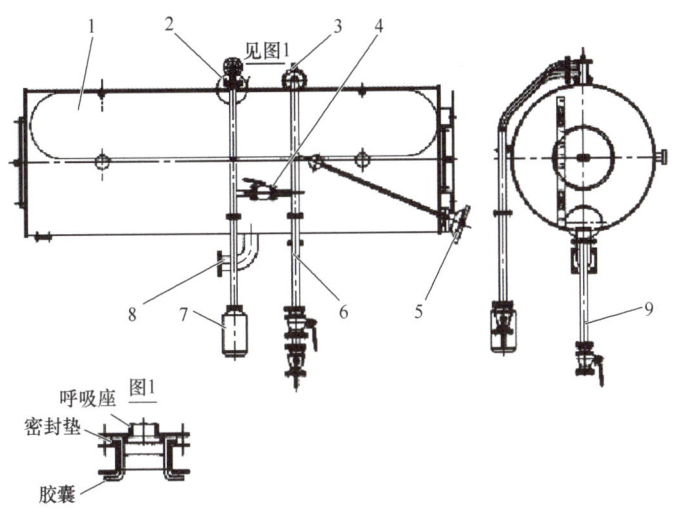

图 1-4-3　胶囊式储油柜的结构

1—胶囊　2—呼吸座　3—排气塞　4—连通阀门　5—油位计　6—连接管（接排气阀）
7—吸湿器　8—管接头（接气体继电器）　9—连接管（接注油阀）

3. 波纹式储油柜

（1）主要分类　波纹式储油柜包括外油式储油柜（见图1-4-4）和内油式储油柜（见图1-4-5）两种。

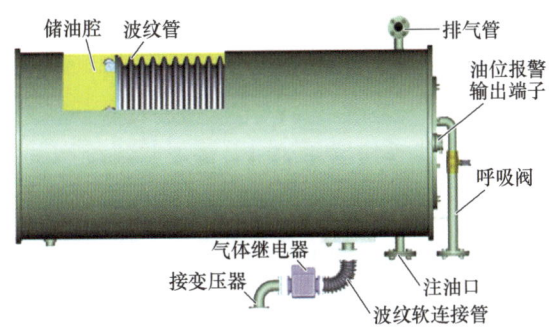

图 1-4-4　外油式储油柜

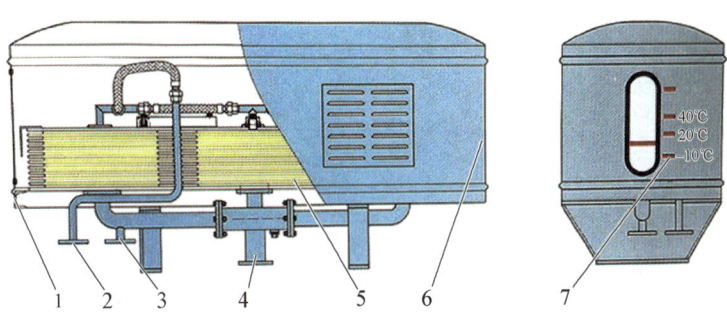

图 1-4-5　内油式储油柜

1—柜体　2—排气管　3—注放油管　4—变压器连接管　5—波纹管　6—外壳　7—油位指示刻度

（2）储油柜安装

1）准备与储油柜连接的蝶阀、连接管、脚垫及紧固件等，现场应具备抽真空或冲压条件。

2）拆除各防护盖板，打开排气阀和呼吸阀，释放内部气压。

3）将储油柜吊装到位，对准柜脚安装孔，拧紧螺栓，安装连接管及相应阀门。

4）安装后检查各连接部位密封是否可靠。

（3）外油式储油柜注油

1）将波纹管伸展一次，方法是从排气阀吸气或从呼吸阀充气，当油位计接近最高油位即可。

2）调整油位准备吊装。用吸气法或充气法将油位计调整到与现场变压器油的温度对应的刻度，然后关闭呼吸阀，打开排气阀，准备注油。

3）保持呼吸阀关闭，排气阀打开的状态，用洁净的输油管将注油阀与油泵连接起来，启动油泵开始注油。

4）在注油过程中，用木棒轻轻敲打储油柜外壳，使附在内壁上的气泡脱离。

5）当变压器油从排气阀稳定溢出时，关闭注油阀同时停止注油，然后关闭排气阀，注油结束。

> **注意事项：**
> 1）初定油位可能会升高，这是波纹管内部的空气受压缩后的正常现象。
> 2）运行时打开呼吸阀，使波纹管内壁与大气相通，并保持敞开状态。
> 3）待油位稳定后检查油位，如油位过高，可以打开注油阀排油至预定油位，如油位过低，可按照前述方法继续补油，最终应使油位计指示的刻度与变压器此时的实测油温相对应，其误差应小于1/4刻度格。

（4）内油式储油柜注油

1）当变压器本体与储油柜连接后注油时，需要将排气管末端的抽空螺杆拧松，使变压器本体内的气体顺利排出，直至有变压器油流出，说明此时空气已排尽。

2）将抽空螺杆拧紧，并将外面的止退螺母拧紧，使其密封。

3）继续注油，此时可观察到波纹管膨胀，油位计的指示逐渐升高。注油到环境温度线即可。

> **注意事项：**
> 1）没有充压的储油柜不能运输，到现场时无气压的储油柜不能安装。储油柜必须经检验合格后方可安装。
> 2）因生产厂家不同，储油柜的具体安装、注油等过程应以产品说明书为准。

五、储油柜的检修

1. 储油柜本体的检修

1）清理外表面灰尘、锈蚀。

2）检查储油柜下部的沉积器，放出少量变压器油查看是否有杂质和水分。

3）储油柜各部不得有渗漏现象。

4）胶囊式储油柜的胶囊在检修时，加压 0.02~0.03MPa 后的 12h 内应无渗漏，浸泡在水池中检查时应无气泡冒出。

5）隔膜式储油柜检修时应拆卸各部分的连接管，拆下油箱中节法兰螺钉，卸下储油柜上节油箱，取出隔膜。然后检查储油柜内柜，更换密封圈。在隔膜式储油柜分解前可先充油检查隔膜密封性能。

6）波纹式储油柜必须可靠密封。波纹管的焊缝应焊宽均匀、熔透、无虚焊和严重氧化现象，波纹管表面不允许有划伤和硬褶。

2. 油位计的检修

1）检查油位计（见图 1-4-6）的进线端子盒密封是否良好，油位计内部是否清洁、干净。

2）油位计外观应完好，密封及绝缘应良好，连杆应灵活无卡涩，指针应转动正常，油位计复零，并检查油位计的油位触点。

3）检查限位报警装置动作是否正确，最高和最低油位报警是否正确，若不正确应调节凸轮或开关的位置。

4）油位计的指示必须与储油柜的真实油位相符，不得出现假油位。

图 1-4-6　油位计

【收集信息】

一、我们的学习任务是什么？

二、为顺利完成本学习任务，请按要求完成信息的收集。

1. 本次检修的设备：

2. 请根据本任务内容、维护手册及公司其他要求，确定维护工艺及验收标准（见表 1-4-1）。

表 1-4-1 储油柜的周期性检修维护工艺及验收标准

项目	维护工艺	图示	验收标准
储油柜的周期性检修	吊装储油柜支架,用螺栓紧固在油箱安装支座上,再将储油柜安装在支架上		
	在储油柜下部的蝶阀上,连接气体继电器管路及安装气体继电器		
	在储油柜的集污盒上,安装排气管路、注油管路和排油管路,并在它们的下端分别配上相应的截止阀		
	储油柜连接管的连接应可靠且密封良好		
	胶囊式储油柜在安装前必须将油位计连杆与浮球用销子固定好,销子端口必须回折以防运行中脱落		

【制订计划】

请根据储油柜的周期性检修的任务要求,确定所需的维护仪器、工具,并对小组成员进行合理分工,制订详细的检查和维护计划。

1. 小组成员分工:_____

_____

_____

2. 备品备件准备:_____

_____

_____

3. 危险点分析:_____

_____

_____

4. 安全措施:_____

_____

_____

5. 作业程序及标准:_____

_____

_____

【任务实施】

1. 按表 1-4-2 完成作业前准备。

表 1-4-2　储油柜的周期性检修作业前准备

出发前准备	人员	人员资质、职业禁忌、身体状况、精神状态满足作业要求	确认（　）
	仪器工具	梯子、活扳手、手套	确认（　）
	技术资料	作业指导书、相关技术资料	确认（　）
	防护用品	安全帽、安全带两套、工作服	确认（　）
	物资材料	相关物资、备品备件、变压器油	确认（　）
	车辆	已开展车辆安全检查，并已确定最佳行驶路线	确认（　）
进场前准备		1）安排作业班成员在指定地点耐心等候 2）办理作业许可手续，确保现场安全措施符合作业要求 3）再次核查人数相符和个人防护用品正确佩戴 4）作业负责人在首位，作业班按指定路线列纵队进场	确认（　）
作业和安全技术交底		作业负责人向作业班成员交代作业任务、作业范围、安全措施、分工安排	确认（　）
	应急事项	遇紧急情况，作业人员应根据现场情况按照以下的紧急处理程序进行处理： 1）发生人员坠落、人员触电、人员中暑等严重威胁生命的情况时，立即向当值调度员和本部门领导、安全监督人员报告并将遇险人员转移到安全地点进行急救，同时拨打 120 电话联系医院派救护车前来救援 2）发生碰伤、扭伤等较轻微且不危及生命的伤病时，先暂停作业进行紧急处理，再视伤病严重程度考虑是否送医院治疗 3）发生误碰设备跳闸事故时，应立即停止作业，并通知许可人	确认（　）
风险评估	风险	控制措施	
	误入带电区域，触电伤亡	作业负责人带领进入作业现场；核对设备名称和编号	确认（　）
	接取试验电源，触电伤亡	检查漏电保护开关正常，禁止用导线在插座上取电源	确认（　）
	高空坠落	穿防滑鞋、系安全带	确认（　）
	序号　　现场评估后补充风险	临时应对措施	确认（　）

2. 完成作业过程。

1）按表 1-4-3 登记作业内容。

表 1-4-3　储油柜的周期性检修作业内容登记表

项目	风险		控制措施	
				确认（　）
仪器/仪表	名称	型号	厂家	有效日期
作业标准				

(续)

项目	风险	控制措施	
作业记录			确认（ ）
试验日期		环境温度/℃	环境相对湿度（%）

2）按表1-4-4完成作业终结记录。

表1-4-4 储油柜的周期性检修作业终结记录表

序号	项目	内容	作业记录
1	恢复现场	作业中临时做的措施已全部恢复（如临时接地线等）	确认（ ）
2	清理现场	清理、撤离现场前，将仪器、工具、材料等搬离现场	确认（ ）
3	作业终结	1）作业负责人在首位，按指定路线列纵队退场 2）安排作业班成员到指定地点耐心等候 3）结束作业，办理作业终结手续	确认（ ）
4	作业后记录	作业完成后，完成相关电子、纸质记录	确认（ ）
5	发现问题及处理结果	问题描述 处理结果 存在的问题已告知作业班班长或安全区代表	确认（ ）
6	风险变化情况	补充了新增风险，并已告知作业班班长或安全区代表	确认（ ）
7	作业结论	合格（ ） 不合格（ ）	确认（ ）

【检查与控制】

观察员根据操作员的工作过程完成考核评分，具体考核评分细则见表1-4-5。

表1-4-5 储油柜的周期性检修考核评分表

操作时间：60min

序号	考核项目	考核内容及要求（评分要点）	配分	评分标准	扣分
1	开工	办理作业票	30	作业票负责人按有关规定办理好作业票，完成三级交底作业，未办理扣5分	
		作业负责人对本班作业人员进行分工，并检查劳保用品		分工明确，所有作业人员正确使用劳保用品，分工错误或劳保用品使用错误，扣5分	
		作业负责人向所有工作人员交代作业任务、安全措施和安全注意事项		全体作业人员应明确作业范围、进度要求等内容，未交代或不明确作业任务、作业内容等，扣5分	
		到位人员签名		在到位人员签字栏上签名，未签名各扣2分	

(续)

序号	考核项目	考核内容及要求（评分要点）	配分	评分标准	扣分
2	检修内容	清理外表面灰尘、锈蚀	50	未检查或检查错误，每一项扣 10 分	
		检查各部分螺钉的紧固情况			
		检查储油柜下部的沉积器			
		储油柜各部分不得有渗漏现象			
		胶囊式储油柜压力正常			
		胶囊式储油柜检查密封性能			
		油位计内部是否清洁、干净			
		密封及绝缘良好			
		连杆灵活无卡涩			
		检查限位报警装置动作是否正确			
		油位计必须与储油柜的真实油位相符			
		波纹式储油柜必须密封可靠			
3	竣工	正确使用各种工具和量具，不得损坏工具和量具	20	工具、量具使用方法不正确，一次扣 2 分 损坏工具、量具，扣 5 分	
		文明操作，清理作业现场，将工器具全部收拢并摆放有序，废弃物按相关规定处理，材料及备品备件回收清点		未清理作业现场、乱摆乱放工器具、未回收废弃物、材料及备品备件，每一项扣 5 分	
		总分	100	得分	

观察员：　　　　　　　操作员：　　　　　　　年　　月　　日

【评价反馈】

1. 自我评价（表 1-4-6）。

表 1-4-6　储油柜的周期性检修自我评价表

我做得好的地方	我还存在这些方面的问题
□ 动作准确	□ 动作不到位
□ 工具使用规范	□ 工具使用不规范
□ 安装步骤熟悉	□ 安装步骤不熟悉
□ 零件摆放整齐	□ 零件摆放不整齐
□ 操作用时合理	□ 操作用时过长
□ 工作态度端正	□ 工作态度不够端正

2. 小组评价。

我们组做到了：□ 全员参与　□ 分工明确　□ 工作高效　□ 完成了工作任务

3. 教师评价（表1-4-7）。

表1-4-7　储油柜的周期性检修教师评价表

序号	评价内容	评价指标	等次（星级评定）
1	活动态度方面	1）态度是否积极，是否主动组织或参与活动 2）与小组成员合作是否良好 3）活动是否认真、善始善终 4）是否勇于克服困难	
2	知识技能方面	1）查阅资料能力 2）实地观察记录能力 3）调查研究能力 4）整理材料能力	

【知识巩固】

一、选择题

1. 电力变压器储油柜的作用是（　　）。

A. 为器身散热

B. 防止油箱爆炸

C. 使油箱内部与外界空气隔绝，在温度变化时对油箱内的油量起调节作用

D. 储存油

2. 遇有电气设备着火时，应立即（　　）进行救火。

A. 将有关设备电源切断　　　　　　　　B. 用干式灭火器灭火

C. 联系调度员停电　　　　　　　　　　D. 用1211型灭火器灭火

3. 电力变压器的隔膜式储油柜上的吸湿器的下部油碗中（　　）。

A. 放油　　　　　　　　　　　　　　　B. 不放油

C. 放不放油都可以　　　　　　　　　　D. 无油可放

4. 对于密封圈等橡胶制品可用（　　）清洗。

A. 汽油　　　　　　　　　　　　　　　B. 水

C. 乙醇　　　　　　　　　　　　　　　D. 清洗剂

5. 变压器正常运行时的声音是（　　）。

A. 断断续续的嗡嗡声　　　　　　　　　B. 连续均匀的嗡嗡声

C. 时大时小的嗡嗡声　　　　　　　　　D. 无规律的嗡嗡声

6. 预防性试验中测量设备二次绕组的绝缘电阻时，应用（　　）绝缘电阻表。

A. 5000V　　　　　　　　　　　　　　B. 2500V

C. 3000V　　　　　　　　　　　　　　D. 500V或1000V

7. 重要的电气设备导体接头应定期用（　　）测定温度。

A. 温度计　　　　　　　　　　　　　　B. 远红外测温仪

C. 电阻法　　　　　　　　　D. 可溶物质

8. （　　）位于变压器油箱上方，通过气体继电器与油箱相通。

A. 冷却装置　　　　　　　　B. 储油柜

C. 防爆管　　　　　　　　　D. 吸湿器

9. 对 35kV 的变压器，大修和交接后做绕组连同套管一起的交流耐压试验，试验电压为（　　）。

A. 50kV　　　　　　　　　　B. 60kV

C. 72kV　　　　　　　　　　D. 80kV

二、判断题

1. 变压器油枕中的胶囊起使空气与油隔离和调节内部油压的作用。（　　）

2. 牵引变电所直流负极两点接地可能造成开关误分闸。（　　）

3. 馈线微机保护装置高阻接地过电流保护是反应带过渡电阻接地的保护。（　　）

4. 停电时，先断开负荷侧，后断开电源侧；先断开断路器，后断开隔离开关。（　　）

5. 与断路器并联的隔离开关只有当断路器闭合时方可操作。（　　）

6. 变压器在运行过程中补油时，应事先将气体继电器改为信号报警，以防止跳闸。（　　）

7. 变压器短路损耗其实就是铜损耗。（　　）

8. 使用绝缘电阻表测绝缘电阻时，被测物必须从各方面与其他电源断开，测量完毕后应将被测物充分放电。（　　）

9. 若变压器的绝缘电阻低，则其吸收比也相对偏低。（　　）

10. 变压器铁心可以多点接地。（　　）

三、简答题

1. 储油柜有什么作用？

2. 人身触电的方式有哪几种？

3. 变压器在什么情况下应立即停止运行？

任务五　压力释放阀的周期性检修

【任务描述】

压力释放阀适用于油浸式变压器、电力电容器及有载分接开关等，起到保护作用。每年需定期对压力释放阀进行检修作业，检查其性能是否完好。

【学习目标】

目标名称	目标内容
知识目标	能口述压力释放阀的工作原理
	能口述压力释放阀的周期性检修方法和步骤
技能目标	能完成压力释放阀的周期性检修
	掌握压力释放阀的诊断工作
素质目标	能与他人合作，进行有效沟通，能按 6S 管理规定进行作业
	具有良好的职业道德，能自觉遵守行业法规和企业规章制度

【知识准备】

一、压力释放阀的作用

压力释放阀（见图 1-5-1）适用于油浸式变压器、电力电容器及有载分接开关等，当油浸式变压器在运行中出现故障时，由于绕组过热，使一部分变压器油汽化，变压器油箱中压力迅速增加，这时压力释放阀在 2ms 内动作，释放压力，保护油箱不致变形或爆裂。随后，若油箱内的压力再次升高而达到开启压力时，压力释放阀就再次动作，直到油箱内的压力降到正常值。由于压力释放阀动作后能可靠关闭，油箱外的水分和空气不能进入油箱，变压器内部也就不会受外界污染。

二、压力释放阀的安装使用

1）打开压力释放阀安装孔的运输封板和防护罩（当有升高座和防护罩时），用白布擦拭内壁，直至不见脏污。

2）打开压力释放阀包装盒进行外观检查，在确认未发现异常并有该压力释放

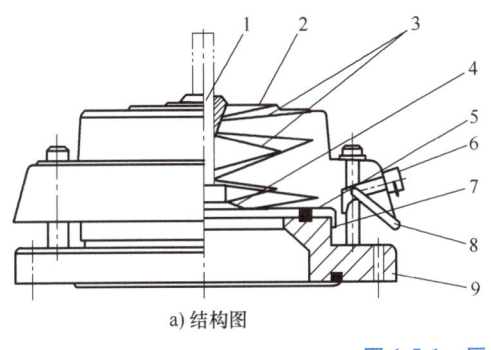

a) 结构图　　　　　　　　b) 实物图

图 1-5-1　压力释放阀

1—标志杆　2—外罩　3—弹簧　4—膜盘　5—密封胶圈
6—开关　7—侧胶圈　8—复位手柄　9—阀座

阀的出厂试验报告后，即可将它安装到其法兰上。对于未进行启动试验的压力释放阀，应进行启动试验。

3）要求压力释放阀密封良好，安装可靠。压力释放阀如带有防护罩，防护罩的排油口应对准开阔地带。带有导油装置的压力释放阀应安装导油装置。

4）每个压力释放阀均配套有锁片，锁片仅在用户做变压器密封试验时使用，运行前必须将其取下。

注意事项：

1）在送电之前应将压力释放阀锁帽拧下，取出锁片，然后拧上锁帽，将露出的标志杆和防雨帽拧紧。

2）压力释放阀在出厂前已调试过且已合格，用户不得私自拆装。

3）发现压力释放阀动作后要及时排除变压器的故障，并把压力释放阀的机械电信号装置手动复位，再将变压器合闸运行。

4）当变压器油箱的压力上升到压力释放阀开启压力的70%左右时，压力释放阀就会开始渗油。

三、压力释放阀的检修

1. 检修项目

1）开启动作是否灵敏，如有卡堵现象应排除。

2）密封胶圈是否已老化、变形或损坏。

3）零部件是否已变形或损坏。

4）信号开关动作是否灵活。

2. 压力释放阀的故障及解决方法

压力释放阀的故障及解决办法见表1-5-1。

表 1-5-1　压力释放阀的故障及解决办法

故障现象	原因	解决方法
压力释放阀漏油	1）油箱压力长期处于压力释放阀的密封压力与开启压力之间，造成渗漏，此种情况非常稀少	检查变压器有何不良现象，消除隐患

课堂笔记

（续）

故障现象	原因	解决方法
压力释放阀漏油	2）压力释放阀运行期较长，密封胶圈老化失效	利用设备停电进行检修、更换密封胶圈
	3）密封胶圈的密封面处有异物	利用设备停电进行异物清除
	4）零部件变形或损坏	利用设备停电进行检修、更换
信号开关无控制信号输出	1）控制线路连接异常、接触不良或断路	1）按信号开关的接线图进行正确接线 2）用万用表测量线路连接点的接触是否良好
	2）信号开关有卡堵现象	拉动压力释放阀的红色指示部位，检查信号开关动作是否灵敏，同时测量信号开关有无信号输出
压力释放阀不动作	1）压力释放阀的闭锁装置未拆除	将闭锁装置拆除即可
	2）油箱压力未达到压力释放阀的开启压力	用压力表检测油箱压力是否达到压力释放阀的开启压力
	3）油箱及压力释放阀有漏气部位	检测油箱及压力释放阀密封是否良好

【收集信息】

一、我们的学习任务是什么？

二、为顺利完成本学习任务，请按要求完成信息的收集。

1. 本次检修的设备：

2. 请根据本任务内容、维护手册及公司其他要求，确定维护工艺及验收标准（见表1-5-2）。

表 1-5-2　压力释放阀的周期性检修维护工艺及验收标准

项目	维护工艺	图示	验收标准
周期性检修	1）压力释放阀应安装在油箱盖上，必要时也可倾斜 0°～45°安装 2）运行中的压力释放阀动作后，应将压力释放阀的复位手柄手动复位 3）压力释放阀有渗漏油的现象时，应及时采取措施解决，渗漏油的主要原因大致有： ① 由于某种原因，油箱内压力偏高，已超过压力释放阀的密封压力，但尚未达到开启压力，造成渗漏。排除压力增高的因素即可 ② 阀内三种密封圈有老化失效，应及时更换失效的密封圈 ③ 密封面有异物，此时只需及时清除异物即可，无需调整 4）安装时压力释放阀不可随意拆卸	安装前 安装后	

【制订计划】

请根据压力释放阀的周期性检修的任务要求，确定所需的维护仪器、工具，并对小组成员进行合理分工，制订详细的检查和维护计划。

1. 小组成员分工：_____
_____
_____

2. 备品备件准备：_____
_____
_____

3. 危险点分析：_____
_____
_____

4. 安全措施：_____
_____
_____

5. 作业程序及标准：_____
_____
_____

【任务实施】

1. 按表1-5-3完成作业前准备。

表1-5-3 压力释放阀的周期性检修作业前准备登记表

出发前准备	人员	人员资质、职业禁忌、身体状况、精神状态满足作业要求	确认（ ）
	仪器工具	便携式电源线、试验连接接头、梯子、活扳手	确认（ ）
	技术资料	相关技术资料、作业指导书	确认（ ）
	防护用品	安全帽、安全带两套、工作服	确认（ ）
	物资材料	相关物资、备品备件	确认（ ）
	车辆	已开展车辆安全检查，并已确定最佳行驶路线	确认（ ）
进场前准备		1）安排作业班成员在指定地点耐心等候 2）办理作业许可手续，确保现场安全措施符合作业要求 3）再次核查人数相符和个人防护用品正确佩戴 4）作业负责人在首位，作业班按指定路线列纵队进场	确认（ ）
作业和安全技术交底		作业负责人向作业班成员交代作业任务、作业范围、安全措施、分工安排	确认（ ）
	应急事项	遇紧急情况，作业人员应根据现场情况按照以下的紧急处理程序进行处理： 1）发生人员坠落、人员触电、人员中暑等严重威胁生命的情况时，立即向当值调度员和本部门领导、安全监督人员报告并将遇险人员转移到安全地点进行急救，同时拨打120电话联系医院派救护车前来救援 2）发生碰伤、扭伤等较轻微且不危及生命的伤病时，先暂停作业进行紧急处理，再视伤病严重程度考虑是否送医院治疗 3）发生误碰设备跳闸事故时，应立即停止作业，并通知许可人	确认（ ）
风险评估	风险	控制措施	
	误入带电区域，触电伤亡	作业负责人带领进入作业现场；核对设备名称和编号	确认（ ）
	接取试验电源，触电伤亡	检查漏电保护开关正常，禁止用导线在插座上取电源	确认（ ）
	高空坠落	穿防滑鞋、系安全带	确认（ ）
	序号　现场评估后补充风险	临时应对措施	确认（ ）

2. 完成作业过程。

1）按表1-5-4登记作业内容。

表 1-5-4　压力释放阀的周期性检修作业内容登记表

项目	风险			控制措施	
					确认（　）
仪器/仪表	名称	型号		厂家	有效日期
作业标准					
作业记录					确认（　）
试验日期		环境温度/℃		环境相对湿度（%）	

2）按表 1-5-5 完成作业终结记录。

表 1-5-5　压力释放阀的周期性检修作业终结记录表

序号	项目	内容	作业记录
1	恢复现场	作业中临时做的措施已全部恢复（如临时接地线等）	确认（　）
2	清理现场	清理、撤离现场前，将仪器、工具、材料等搬离现场	确认（　）
3	作业终结	1）作业负责人在首位，按指定路线列纵队退场 2）安排作业班成员到指定地点耐心等候 3）结束作业，办理作业终结手续	确认（　）
4	作业后记录	作业完成后，完成相关电子、纸质记录	确认（　）
5	发现问题及处理结果	问题描述 处理结果 存在的问题已告知作业班班长或安全区代表	确认（　）
6	风险变化情况	补充了新增风险，并已告知作业班班长或安全区代表	确认（　）
7	作业结论	合格（　）　不合格（　）	确认（　）

【检查与控制】

观察员根据操作员的工作过程完成考核评分，具体考核评分细则见表 1-5-6。

表 1-5-6　压力释放阀的周期性检修考核评分表

操作时间：60min

序号	考核项目	考核内容及要求（评分要点）	配分	评分标准	扣分
1	开工	办理作业票	30	作业票负责人按有关规定办理好作业票，完成三级交底作业，未办理扣 5 分	
		作业负责人对本班作业人员进行分工，并检查劳保用品		分工明确，所有作业人员正确使用劳保用品，分工错误或劳保用品使用错误，扣 5 分	

(续)

序号	考核项目	考核内容及要求（评分要点）	配分	评分标准	扣分
1	开工	作业负责人向所有作业人员交代作业任务、安全措施和安全注意事项	30	全体作业人员应明确作业范围、进度要求等内容，未交代或不明确作业任务、作业内容等，扣5分	
		到位人员签名		在到位人员签字栏上签名，未签名各扣2分	
2	检修内容	开启动作是否灵敏	50	未检查或检查错误，每一项扣10分	
		密封胶圈是否已老化、变形或损坏			
		零部件是否变形或损坏			
		信号开关动作是否灵活			
		安装螺纹是否拧紧			
		压力释放阀的泄压能力如何			
		压力释放阀的机械电信号装置手动复位是否正常			
		及时排除变压器的故障			
3	竣工	正确使用各种工具和量具，不得损坏工具和量具	20	工具、量具使用方法不正确，一次扣2分；损坏工具、量具，扣5分	
		文明操作，清理作业现场，将工器具全部收拢并摆放有序，废弃物按相关规定处理，材料及备品备件回收清点		未清理作业现场、乱摆乱放工器具、未回收废弃物、材料及备品备件，每一项扣5分	
	总分		100	得分	

观察员： 操作员： 年 月 日

【评价反馈】

1. 自我评价（表1-5-7）。

表1-5-7 压力释放阀的周期性检修自我评价表

我做得好的地方	我还存在这些方面的问题
□ 动作准确	□ 动作不到位
□ 工具使用规范	□ 工具使用不规范
□ 安装步骤熟悉	□ 安装步骤不熟悉
□ 零件摆放整齐	□ 零件摆放不整齐
□ 操作用时合理	□ 操作用时过长
□ 工作态度端正	□ 工作态度不够端正

2. 小组评价。

我们组做到了：□ 全员参与　　□ 分工明确　　□ 工作高效　　□ 完成了工作任务

3. 教师评价（表1-5-8）。

表1-5-8　压力释放阀的周期性检修教师评价表

序号	评价内容	评价指标	等级（星级评定）
1	活动态度方面	1）态度是否积极，是否主动组织或参与活动 2）与小组成员合作是否良好 3）活动是否认真、善始善终 4）是否勇于克服困难	
2	知识技能方面	1）查阅资料能力 2）实地观察记录能力 3）调查研究能力 4）整理材料能力	

【知识巩固】

一、选择题

1. 气体继电器开口杯可反应变压器内部的（　　）故障，动作于气体容积。

　A. 轻微　　　　　　　　　　　B. 严重

　C. 温度过高　　　　　　　　　D. 振动过大

2. 变压器差动保护无故障时，有一定的（　　）流过差动继电器。

　A. 空载电流　　　　　　　　　B. 励磁电流

　C. 不平衡电流　　　　　　　　D. 冲击电流

3. 补偿电容器组内单台电容器应设置专用的（　　），作为电容器内部故障保护。

　A. 保护器　　　　　　　　　　B. 断路器

　C. 熔断器　　　　　　　　　　D. 继电器

4. 补偿电容器组过电流保护的灵敏度不能满足要求时，应装设（　　）保护。

　A. 差电压或差电流　　　　　　B. 低电压

　C. 过负荷　　　　　　　　　　D. 过电压

5. 将控制或保护回路直流部分的相互动作关系画在一起的图纸，称为控制或保护回路（　　）。

　A. 展开图　　　　　　　　　　B. 原理图

　C. 安装图　　　　　　　　　　D. 接线图

6. 变压器的高压绕组在低压绕组的（　　）。

　A. 外面　　　　　　　　　　　B. 里面

　C. 左面　　　　　　　　　　　D. 右面

7. 变压器的短路损耗是指（　　）。

　A. 铁损耗　　　　　　　　　　B. 铜损耗

C. 铁损耗和铜损耗　　　　　　　　D. 其他损耗

8. 油浸式变压器在运行中，温度最高的部位是（　　）。

A. 铁心　　　　　　　　　　　　B. 绕组

C. 上层变压器油　　　　　　　　D. 下层变压器油

9. 变压器的主要结构由（　　）构成。

A. 铁心和绕组　　　　　　　　　B. 铁心和油箱

C. 绕组和油箱　　　　　　　　　D. 铁心

10. 用手触摸变压器的外壳时，如有麻电感，可能是因为变压器（　　）。

A. 内部发生故障　　　　　　　　B. 过负荷引起

C. 外壳接地不良　　　　　　　　D. 有静电

二、判断题

1. 电力变压器按冷却介质可分为油浸式和干式两种。　　　　　　　　（　　）
2. 变压器的铁心是电路部分，由铁心柱和铁轭两部分组成。　　　　　（　　）
3. 变压器铁心硅钢片厚则电涡流损耗小，薄则电涡流损耗大。　　　　（　　）
4. 绕组是变压器的磁路部分，一般用绝缘纸包的铜线绕制而成。　　　（　　）
5. 变压器中，带负荷进行变换绕组分接的调压，称为有载调压。　　　（　　）
6. 变压器运行时，由于绕组和铁心中产生的损耗转化为热量，必须及时散热，以免变压器过热造成事故。　　　　　　　　　　　　　　　　　　　　　　（　　）
7. 储油柜的作用就是保证油箱内总是充满变压器油，并减小变压器与空气的接触面，从而减缓变压器油的老化。　　　　　　　　　　　　　　　　　　　　（　　）
8. 为了使变压器储油柜内上部的空气保持干燥和避免工业粉尘的污染，储油柜通过吸湿器与大气相通。　　　　　　　　　　　　　　　　　　　　　　　（　　）
9. 变压器内部的高、低压引线是经绝缘套管引到油箱外部的，绝缘套管起着固定引线和对地绝缘的作用。　　　　　　　　　　　　　　　　　　　　　　（　　）
10. 变压器是根据电磁感应原理工作的。　　　　　　　　　　　　　（　　）

三、简答题

1. 什么原因会使变压器发出异常声响？
2. 什么叫倒闸和倒闸操作？
3. 什么是变电所的电气主接线？

延伸阅读

某刚毕业的大学生到电力检修部门实习，由于存在侥幸心理，经常不正确使用安全工器具，认为佩戴安全帽、绝缘手套等行为"太麻烦""没必要"。在一次高压电容器检修时，由于对高压电容器放电不彻底，又未正确使用安全工器具，造成作业时高压电容器对他放电，他的手指局部被电击伤。

安全工器具的正确使用是保证电力生产工作安全进行的重要手段，不使用或者不正确使用安全工器具是电力事故的重要原因之一，实训前学生必须穿戴安全帽、工作服和绝缘鞋方可进入实训区域。进入实训区域后学习使用作业所需的工器具，提高学生安全意识,同时培养学生的职业素养,增强学生职业适应能力。

【学而思】

1. 请你搜集几个与安全工器具正确使用有关的典型案例跟同学们分享一下。

2. 结合本项目的学习,谈谈今后你在工作中如何做到增强安全意识,保护好国家财产和自身人身安全。

项目二
SF$_6$ 全封闭组合电器（GIS）维修

气体绝缘开关设备（Gas Insulated Switchgear，GIS）是由母线（BUS）、断路器（CB）、隔离开关（DS）、电流互感器（CT）、电压互感器（PT）、接地开关、检修用接地开关、故障快速关合接地开关、避雷器和终端元件（SF$_6$ 套管或电缆终端）等电气设备组成。GIS 的优点在于占地面积小，可靠性高，安全性强且不会受到灰尘、潮湿以及污染等外界因素的影响，故维护工作量小，其主要部件的维修间隔可长达 10 年以上。由于 GIS 的日常维护工作量不大，基本上都是一些基础的设备维护，故本项目主要包含以下任务：

任务一　不停电常规小修
任务二　停电常规小修

任务一 不停电常规小修

【任务描述】

GIS 不停电常规小修是指不需要设备停电即可开展的检修项目，所以其检修内容及作业技能要求都比较简单，作业周期则需要根据厂家的维护手册和企业的规定综合确定，属于定期性的工作。

其典型任务举例：2022 年 5 月 1 日，根据车间年度检修计划，对某变电所的 110kV GIS 进行不停电常规小修，请相应班组开展作业。

【学习目标】

目标名称	目标内容
知识目标	能口述 GIS 的原理及组成
	能口述 GIS 不停电常规小修的任务内容
技能目标	能完成 GIS 不停电常规小修的操作
	能与他人合作，进行有效沟通，能按一般作业流程作业
素质目标	能初步养成一般员工的作业习惯
	能初步形成团队合作意识，坚持按章做事的原则

【知识准备】

一、GIS 的概念

在电力工业中，GIS 指 SF_6 全封闭组合电器，国际上称为"气体绝缘开关设备"（Gas Insulated Switchgear），它将一座变电所中除变压器以外的一次设备，包括断路器、隔离开关、接地开关、电压互感器、电流互感器、避雷器、母线和电缆终端等，经优化设计有机地组合成一个整体，最终的产物也就是生活中经常可以看到的开关站，也叫高压配电装置。高压配电装置的形式有三种：第一种是空气绝缘的常规配电装置，简称 AIS，其母线裸露且直接与空气接触，断路器可用瓷柱式或罐式，葛洲坝水力发电厂采用的即是这种形式。第二种是混合式配电装置，简称 H-GIS，其母线采用敞开式结构，其他均为 GIS。第三种是 GIS 配电装置。

二、GIS 的特点

（1）小型化　因 GIS 采用绝缘性能好的 SF_6 气体作为绝缘和灭弧介质，所以能大幅度缩小设备的体积，实现小型化。

（2）可靠性高　GIS 的带电部分全部密封于 SF_6 气体中，因此大大提高了可靠性，还具有优良的抗地震性能。

（3）安全性好　GIS 的带电部分密封于接地的金属壳体内，因而几乎没有触电危险。SF_6 气体常温下不易燃烧，所以无火灾危险。

（4）杜绝对外部的不利影响　因 GIS 的带电部分以金属壳体封闭，可对电磁和静电实现屏蔽，且噪声小，抗无线电干扰能力强。

（5）安装周期短　由于 GIS 实现了小型化，可在工厂内经整机装配和试验合格后，以单元或间隔的形式运达现场，因此可缩短现场安装工期，又能提高可靠性。

（6）维护方便，检修周期长　因 GIS 的结构布局合理，灭弧系统先进，大大提高了产品的使用寿命，因此检修周期长，维修工作量小，而且由于 GIS 的小型化，设备离地面低，日常维护方便。

三、GIS 的结构

1）GIS 根据安装地点可分为户外式（见图 2-1-1）和户内式（见图 2-1-2）两种。

图 2-1-1　户外式 GIS

图 2-1-2　户内式 GIS

2）GIS 一般可分为单相单筒式（见图 2-1-3）和三相共筒式（见图 2-1-4）两种形式。110kV 开关设备及母线可以做成三相共筒式，220kV 及以上的 GIS 采用单相单筒式。

3）GIS 经常会因各种原因在使用时分为若干个气室，这些原因具体如下：

① 因 SF_6 气体的压力不同分为若干个气室。例如断路器在分断电流时，应使电弧迅速熄灭，因此要求 SF_6 气体的压力要高；隔离开关切断的一般是小电流，所以 SF_6 气体的压力要低些。

② 因绝缘介质不同分为若干个气室。GIS 通常会与架空线、电缆和主变压器相连接，而不同的电气元件所用的绝缘介质不同，例如与变压器的连接因为油与 SF_6 两种绝缘介质同时存在而采用油气套管（见图 2-1-5 和图 2-1-6）。

图 2-1-3　单相单筒式

图 2-1-4　三相共筒式

图 2-1-5　无油气套管

图 2-1-6　有油气套管

③ 因 GIS 检修的需要，要分为若干个气室。当 GIS 中某一电气元件发生故障时，要将该电气元件周围的 SF_6 气体抽出来才能进行检修，因此将 GIS 分成若干气室能减小故障范围。

为了监视 GIS 各气室 SF_6 气体是否泄漏，GIS 根据各厂家设计不同装有压力表（见图 2-1-7）或密度计，密度计装有温度补偿装置，一般不受环境温度的影响。为防止 SF_6 气体压力过高，超出正常压力，GIS 也装有防爆装置（见图 2-1-8）。

图 2-1-7　压力表

图 2-1-8　防爆装置

四、不停电常规小修典型内容及标准

不停电常规小修典型内容及标准（不同产品周期不同）见表 2-1-1。

表 2-1-1 不停电常规小修典型内容及标准

序号	项目	质量标准	检查位置	备注
1	GIS 构架检查（构架、基础、接地）	1）GIS 构架接地应良好、紧固，无松动、锈蚀 2）GIS 基础无裂纹、沉降 3）GIS 构架螺栓应紧固 4）GIS 构架无异响，伸缩节限位无异常		目视检查
2	出线套管检查	套管表面应无严重污垢沉积，无破损伤痕，无闪络痕迹		目视检查
3	GIS 气室 SF_6 气体压力值及 SF_6 气体密度计检查	1）SF_6 气体密度计的观察窗面清洁，气压指示清晰可见。外观无污物、无损伤痕迹 2）SF_6 气体密度计与设备本体连接可靠，无松动 3）压力值应在正常范围内，并应与上次记录的压力值进行比对，以判断 SF_6 气体是否存在泄漏		目视检查

(续)

序号	项目	质量标准	检查位置	备注
4	开关、闸刀及地刀分合闸指示牌检查	开关、闸刀及地刀分合闸指示牌应正常到位,并与机构位置一致,无明显歪斜现象		目视检查,开关、闸刀及地刀操作后检查
5	计数器功能检查	开关每分合闸一次,计数器计数一次		目视检查,开关、闸刀及地刀操作后检查
6	开关操动机构及气体管路空气泄漏检查,气体压力表检查	确认无漏气声,压力值应在正常范围内		适用于气动机构
7	开关操动机构油位检查	确认无漏油		适用于液压机构

（续）

序号	项目	质量标准	检查位置	备注
8	开关储能标识检查	开关储能标识应位于"储能"状态		
9	门灯功能检查	打开 LCP 柜，断路器照明灯应能正常工作		
10	就地控制柜电气元件及二次接线检查	二次接线应无锈蚀、破损、松脱，就地控制柜内无异味；相关电气元件功能正常		目视检查，开关、闸刀及地刀操作后检查
11	机构箱、就地控制柜密封情况检查	机构箱、就地控制柜密封应良好，无潮湿、进水现象，如有潮湿，应及时开启加热器		目视检查
12	红外测试	用红外成像仪检测，检查应确认 GIS 引流线连接部位表面温度无异常		红外测试

(续)

序号	项目	质量标准	检查位置	备注
13	断路器、隔离开关及接地开关操动机构箱检查	检查操动机构箱底部是否存在碎片、异物		目视检查
14	对机构箱传动部件外观检查	机构箱传动部件外观应正常，无锈蚀现象，传动部件连接螺栓应无松动、锈蚀现象。传动部件各轴销外观检查应正常		目视检查
15	电流、电压互感器检查	检查二次接线盒外观及密封应良好		
16	避雷器检查	运行电压下的交流泄漏电流检测，泄漏电流表、放电计数器动作情况检查		
17	局部放电测试	在线局部放电测量值应符合标准		
18	缓冲器检查	检查缓冲器有无漏油痕迹，固定轴和卡圈是否正常		目视检查

(续)

序号	项目	质量标准	检查位置	备注
19	加热器功能检查	加热器断路器合闸后，加热器能正常工作		目视检查
20	储能标识检查	液压操动机构应为完全储能状态		液压操动机构开关操作后检查
21	气站检查	检查空气压力是否正常，正常时空气压力为1.50MPa，检查放水阀有无积水		气动机构适用于停电维护

【收集信息】

一、我们的学习任务是什么？

二、为顺利完成本学习任务，请按要求完成信息的收集。

1. 本次检修的设备：

2. 请根据本任务内容、维护手册及公司其他要求，确定维护工艺及验收标准。

【制订计划】

请根据不停电常规小修的任务要求,确定所需的维护仪器、工具,并对小组成员进行合理分工,制订详细的检查和维护计划。

1. 小组成员分工:_____
_____
_____

2. 备品备件准备:_____
_____
_____

3. 危险点分析:_____
_____
_____

4. 安全措施:_____
_____
_____

5. 作业程序及标准:_____
_____
_____

【任务实施】

1. 按表 2-1-2 完成作业前准备。

表 2-1-2 不停电常规小修作业前准备

出发前准备	人员	人员资质、职业禁忌、身体状况、精神状态满足作业要求	确认（ ）
	仪器工具	湿度仪、便携式电源线、试验连接插头、梯子、活扳手、便携式 GIS 密度测量计及表 2-1-3 所需的其他工具	确认（ ）
	技术资料	施工图、竣工图、作业指导书等相关技术资料	确认（ ）
	作业票办理	根据规程要求,办理好相应类型的作业票	确认（ ）
	防护用品	安全帽、安全带、工作服、手套	确认（ ）
	物资材料	根据作业内容,确定相关物资、备品备件	确认（ ）
	车辆	已开展车辆安全检查,并已确定最佳行驶路线	确认（ ）
进场前准备		1）安排作业班成员在指定地点耐心等候 2）办理作业许可手续,确保现场安全措施符合作业要求 3）再次核查人数相符和个人防护用品正确佩戴 4）作业负责人在首位,作业班按指定路线列纵队进场	确认（ ）

(续)

项目		风险	控制措施	确认
作业和安全技术交底		作业负责人向作业班成员交代作业任务、作业范围、安全措施、分工安排		确认（ ）
	应急事项	遇紧急情况，作业人员应根据现场情况按照以下的紧急处理程序进行处理： 1）发生人员坠落、人员触电、人员中暑等严重威胁生命的情况时，立即向当值调度员和本部门领导、安全监督人员报告并将遇险人员转移到安全地点进行急救，同时拨打 120 电话联系医院派救护车前来救援 2）发生碰伤、扭伤等较轻微且不危及生命的伤病时，先暂停作业进行紧急处理，再视伤病严重程度考虑是否送医院治疗 3）发生误碰设备跳闸事故时，应立即停止作业，并通知许可人		确认（ ）
风险评估		风险	控制措施	
		走错间隔，触电伤亡	作业负责人带领进入作业现场；核对设备名称和编号	确认（ ）
		接取试验电源，触电伤亡	检查漏电保护开关正常，禁止用导线在插座上取电源	确认（ ）
		高空坠落	穿防滑鞋、系安全带	确认（ ）
	序号	现场评估后补充风险	临时应对措施	确认（ ）

2. 完成作业过程。

1）按表 2-1-3 登记作业内容。

表 2-1-3　不停电常规小修作业内容登记表

项目	风险			控制措施
				确认（ ）
仪器/仪表	名称	型号	厂家	有效日期
作业标准				
作业记录				确认（ ）
试验日期	环境温度/℃		环境相对湿度（%）	

2）按表 2-1-4 完成作业终结记录。

表 2-1-4　不停电常规小修作业终结记录表

序号	项目	内容	作业记录
1	恢复现场	作业中临时做的措施已全部恢复（如临时接地线等）	确认（ ）
2	清理现场	清理、撤离现场前，将仪器、工具、材料等搬离现场	确认（ ）
3	作业终结	1）作业负责人在首位，按指定路线列纵队退场 2）安排作业班成员到指定地点耐心等候 3）结束作业，办理作业终结手续	确认（ ）

(续)

序号	项目	内容	作业记录
4	作业后记录	作业完成后，完成相关电子、纸质记录	确认（　）
5	发现问题及处理结果	问题描述	确认（　）
		处理结果	
		存在的问题已告知作业班班长或安全区代表	
6	风险变化情况	补充了新增风险，并已告知作业班班长或安全区代表	确认（　）
7	作业结论	合格（　）　　不合格（　）	确认（　）

【检查与控制】

观察员根据操作员的工作过程完成考核评分，具体考核评分细则见表2-1-5。

表2-1-5　不停电常规小修考核评分表

序号	考核项目	考核内容及要求（评分要点）	配分	评分标准	扣分
1	开工	办理作业票	20	作业票负责人按车间、工区的有关规定办理好工作票，完成三级交底作业，未办理扣5分	
		作业负责人对本班作业人员进行分工，并检查劳保用品		分工明确，所有作业人员正确使用劳保用品，分工错误或劳保用品使用错误，扣5分	
		作业负责人向所有作业人员交代作业任务、安全措施和安全注意事项		全体作业人员应明确作业范围、进度要求等内容，未交代或不明确作业任务、作业内容等，扣5分	
		到位人员签名		在到位人员签字栏上签名，未签名各扣2分	
2	检修内容	根据作业内容确定作业标准，按作业标准逐项检查	50	未检查或检查错误，每一项扣5分	
3	竣工	填写作业后记录	30	未填写或填写错误，每一项扣5分	
		文明操作，清理作业现场，将工器具全部收拢并摆放有序，废弃物按相关规定处理，材料及备品备件回收清点		未清理作业现场、乱摆乱放工器具、未回收废弃物、材料及备品备件，每一项扣5分	
	总分		100	得分	

观察员：　　　　　　　　操作员：　　　　　　　　　年　　月　　日

【评价反馈】

1. 自我评价（表2-1-6）。

表2-1-6　不停电常规小修自我评价表

我做得好的地方	我还存在这些方面的问题
□ 动作准确	□ 动作不到位
□ 工具使用规范	□ 工具使用不规范
□ 安装步骤熟悉	□ 安装步骤不熟悉
□ 零件摆放整齐	□ 零件摆放不整齐
□ 操作用时合理	□ 操作用时过长
□ 工作态度端正	□ 工作态度不够端正

2. 小组评价。

我们组做到了：□ 全员参与　□ 分工明确　□ 工作高效　□ 完成了工作任务

3. 教师评价（表2-1-7）。

表2-1-7　不停电常规小修教师评价表

序号	评价内容	评价指标	等次（星级评定）
1	活动态度方面	1）态度是否积极，是否主动组织或参与活动 2）与小组成员合作是否良好 3）活动是否认真、善始善终 4）是否勇于克服困难	
2	知识技能方面	1）查阅资料能力 2）实地观察记录能力 3）调查研究能力 4）整理材料能力	

【知识巩固】

一、判断题

1. GIS中对SF_6气体的监控，主要包括气体压力式密度监视、气体检漏、水分监测与控制等方面。　　　　　　　　　　　　　　　　　　　　　　（　　）

2. GIS中对SF_6气体的监控设置方式有集中安装和分散安装两种。　（　　）

3. GIS中SF_6气体的检漏手段有定性检漏、定量检漏两种。　　　（　　）

4. GIS的一般预防性监测项目主要有导电性能、机械性能、绝缘性能和避雷器特性四个部分。　　　　　　　　　　　　　　　　　　　　　　　　　（　　）

5. GIS的检修包括定期检修和解体检修。　　　　　　　　　　　　（　　）

6. GIS的第一次解体大修，一般在运行5年以后进行，或在GIS故障后进行，

大修一般委托制造厂进行。（　）

7. 定期检修可 3~6 年进行一次，也可根据制造厂的规定和运行经验制订一个检修规程加以实施。（　）

8. 在检查 SF_6 气体压力表是否正常时，若发现在同一温度下相邻两次压力表读数差值为 0.01~0.03MPa，不用立即通知检修人员进行气体检漏。（　）

9. 避雷器特性监测主要是通过监测电流的增大及减小判断避雷器的性能是否恶化。（　）

10. 绝缘性能监测不是 GIS 故障诊断和在线监测最重要的内容之一。（　）

二、简答题

1. 什么是组合电器？
2. 组合电器有哪些特点？
3. GIS 如何分类？

任务二 停电常规小修

【任务描述】

GIS 停电常规小修是指需要设备停电才能开展的检修项目，所以其检修内容及作业技能要求都相对要高一些，作业周期则需要根据厂家的维护手册和企业的规定综合确定，属于定期性的工作。

其典型任务举例：2022 年 5 月 3 日，根据车间年度检修计划，对某变电所的 110kV GIS 进行停电常规小修，请相应班组开展作业。

【学习目标】

目标名称	目标内容
知识目标	能口述 GIS 的原理及组成
	能口述 GIS 停电常规小修的任务内容
技能目标	能完成 GIS 停电常规小修的操作
	能与他人合作，进行有效沟通，能按一般作业流程作业
素质目标	能初步养成一般员工的作业习惯
	能初步形成团队合作意识，坚持按章做事的原则

【知识准备】

停电常规小修典型内容及标准详见表 2-2-1，不同产品周期不同。

表 2-2-1　停电常规小修典型内容及标准

序号	项目	质量标准	检查位置	备注
1	本体及支架检查			
1.1	绝缘瓷套管检查	1）绝缘瓷套管外表应无污垢沉积，无破损伤痕 2）如有污垢，需冲洗和擦拭以清洁瓷套管表面		停电维护

(续)

序号	项目	质量标准	检查位置	备注
1.2	本体及支架连接螺栓的检查	支架应无松动、锈蚀 GIS本体所有螺栓应无松动、锈蚀；如局部锈蚀应刷漆处理，严重锈蚀则应更换处理；如有螺栓松动，应按相应力矩要求拧紧螺栓		停电维护
2	润滑维护	对机构的所有传动部位涂抹润滑油		
3	杆接头连接轴维护	在合闸位置时，检查杆接头左侧连接轴销，轴销应传动灵活，无卡涩现象，并应涂抹润滑油		
4	慢分慢合	使用专用工装，对机构进行慢分慢合三次，机构应无卡涩，分合均应正常		停电维护
5	SF_6气体压力触点及回路检查	1）将SF_6气体压力表报警触点短接，观察后台是否报警 2）将SF_6气体压力表闭锁触点短接，观察后台是否报警，分、合闸回路是否已经无法接通		停电维护

（续）

序号	项目	质量标准	检查位置	备注
6	电气元件检查			
6.1	远方/就地转换开关和就地分闸/合闸操作开关检查	1）开关应安装牢固。二次配线应压接牢固、绑扎整齐 2）扳到远方时，就地应不能操作断路器，远方应能正常操作断路器 3）扳到就地时，就地应能正常操作断路器，远方应不能操作断路器		停电维护
6.2	继电器检查	1）时间继电器应安装牢固 2）二次线连接应正确，压接、绑扎应牢固		
6.3	加热器检查	1）加热器的安装、二次线插头及绑扎应牢固 2）向加热器送电，加热器功能应正常		
6.4	计数器检查	机构每合闸一次，计数器应计数一次		停电维护
6.5	照明灯检查	1）合上照明灯电源 2）分、合照明灯开关，照明灯功能应正常		停电维护
6.6	电源开关或接触器检查	1）电源开关或接触器安装应牢固 2）二次线连接应正确，压接、绑扎应牢固		停电维护

(续)

序号	项目	质量标准	检查位置	备注
6.6	电源开关或接触器检查	1）电源开关或接触器安装应牢固 2）二次线连接应正确，压接、绑扎应牢固		停电维护
7	断路器操动机构			
7.1	机构箱及汇控箱可视部分检查	1）拐臂、轴销、拉杆及接头应无伤痕、裂纹；传动应灵活，无卡滞 2）检查螺钉、轴销、挡圈，紧固件应无松动和生锈 3）检查清洁、防锈和润滑，润滑油脂应无污染、缺失		停电维护
7.2	机构箱螺钉、轴销、挡圈的细致检查	检查机构箱内所有的螺栓，各部分螺栓牢固、不松动；检查机构箱内所有定位轴销，轴销应完好；检查机构箱内挡圈，停电挡圈应完好，且在卡槽内；检查机构箱内所有在出厂时做过标记的紧固螺栓，螺栓的紧固标记应无错位		
7.3	接线和压接状况检查	检查导线及压接部分端子排上的端子螺钉是否松动，检查导线是否松动		
8	隔离开关、接地开关、快速接地开关机构			
8.1	二次元件及接线状况检查	1）二次线应无锈蚀、破损、松脱，机构箱内应无异味 2）各元件动作应正常，不能出现卡滞现象 3）分、合闸操作完后的记录、计数应准确		

(续)

序号	项目	质量标准	检查位置	备注
8.2	联锁及闭锁试验检查	1）外部联锁条件不具备时，既不能电动操作，也不能手动操作 2）手动操作时，只要手柄插入手动操作孔，联锁开关必须由挡板推动切换，其动断触点会切断电动机控制回路，可防止同时进行电动操作 3）联锁开关动作时，其动合触点接通联锁电磁铁线圈回路。如果外部联锁条件满足要求，该电磁铁的铁心会吸合，带动止挡杠杆从手动操作孔内侧移开，手柄的方头可插入小锥齿轮的方孔进行手动操作		
8.3	电动机检查	1）转子绕组引线应为蓝色，定子绕组引线应为红色，转子引线编号为 ZH1 和 ZH2，定子引线编号为 D3 和 D4 2）当引线 ZH2 和 D3 连接，引线 ZH1 和 D4 接上电源后，电动机应按逆时针方向转动 3）电动机运转应平稳，无异常声音产生		停电维护
8.4	加热器功能检查	加热器的安装、二次线插头及绑扎应牢固 合上加热器电源，查看加热器是否功能正常		停电维护
8.5	辅助开关检查	1）外观及触点应无锈蚀 2）转动应灵活，触点切换应可靠，无卡滞现象 3）拐臂转角为 90°		停电维护

(续)

序号	项目	质量标准	检查位置	备注
8.6	机构电气元件检查及更换	1）按照停电常规小修的相关要求开展机构电气元件检查，此外在电动或手动操作过程中，应检查联锁开关、闭锁开关、辅助开关的连接及触点的锈蚀情况 2）按照各电气元件的质量要求，对机构箱内的接触器、热继电器、电动机、加热器、行程开关及端子等进行检查及更换		停电维护
8.7	润滑	将脏的润滑脂擦掉，对操作机构的各轴销及传动摩擦部分（包括轴承）涂覆新的润滑脂，润滑部位应无杂质		

【收集信息】

一、我们的学习任务是什么？

二、为顺利完成本学习任务，请按要求完成信息的收集。

1. 本次检修的设备：

2. 请根据本任务内容、维护手册及公司其他要求，确定维护工艺及验收标准。

【制订计划】

请根据停电常规小修的任务要求,确定所需的维护仪器、工具及耗材,并对小组成员进行合理分工,制订详细的检查和维护计划。

1. 小组成员分工:_____

_____

_____

2. 备品备件准备:_____

_____

_____

3. 危险点分析:_____

_____

_____

4. 安全措施:_____

_____

_____

5. 作业程序及标准:_____

_____

_____

【任务实施】

1. 按表 2-2-2 完成作业前准备。

表 2-2-2 停电常规小修作业前准备

出发前准备	人员	人员资质、职业禁忌、身体状况、精神状态满足作业要求	确认（　）
	仪器工具	湿度仪、便携式电源线、试验连接插头、梯子、活扳手、便携式 GIS 密度测量计及表 2-2-3 所需的其他工具	确认（　）
	技术资料	施工图、竣工图、作业指导书等相关技术资料	确认（　）
	作业票办理	根据规程要求,办理好相应类型的作业票	确认（　）
	防护用品	安全帽、安全带、工作服、手套	确认（　）
	物资材料	根据作业内容,确定相关物资、备品备件	确认（　）
	车辆	已开展车辆安全检查,并已确定最佳行驶路线	确认（　）
进场前准备		1) 安排作业班成员在指定地点耐心等候 2) 办理作业许可手续,确保现场安全措施符合作业要求 3) 再次核查人数相符和个人防护用品正确佩戴 4) 作业负责人在首位,作业班按指定路线列纵队进场	确认（　）

(续)

作业和安全技术交底		作业负责人向作业班成员交代作业任务、作业范围、安全措施、分工安排	确认（ ）
	应急事项	遇紧急情况，作业人员应根据现场情况按照以下的紧急处理程序进行处理： 1）发生人员坠落、人员触电、人员中暑等严重威胁生命的情况时，立即向当值调度员和本部门领导、安全监督人员报告并将遇险人员转移到安全地点进行急救，同时拨打120电话联系医院派救护车前来救援 2）发生碰伤、扭伤等较轻微且不危及生命的伤病时，先暂停作业进行紧急处理，再视伤病严重程度考虑是否送医院治疗 3）发生误碰设备跳闸事故时，应立即停止作业，并通知许可人	确认（ ）

风险评估	风险	控制措施	
	走错间隔，触电伤亡	作业负责人带领进入作业现场；核对设备名称和编号	确认（ ）
	接取试验电源，触电伤亡	检查漏电保护开关正常，禁止用导线在插座上取电源	确认（ ）
	高空坠落	穿防滑鞋、系安全带	确认（ ）
	序号	现场评估后补充风险	临时应对措施	
				确认（ ）

2. 完成作业过程。

1）按表2-2-3登记作业内容。

表2-2-3 停电常规小修作业内容登记表

项目	风险		控制措施		
					确认（ ）
仪器/仪表	名称	型号		厂家	有效日期
作业标准					
作业记录					确认（ ）
试验日期		环境温度/℃		环境相对湿度（%）	

2）按表2-2-4完成作业终结记录。

表2-2-4 停电常规小修作业终结记录表

序号	项目	内容	作业记录
1	恢复现场	作业中临时做的措施已全部恢复（如临时接地线等）	确认（ ）
2	清理现场	清理、撤离现场前，将仪器、工具、材料等搬离现场	确认（ ）

(续)

序号	项目	内容	作业记录
3	作业终结	1）作业负责人在首位，按指定路线列纵队退场 2）安排作业班成员到指定地点耐心等候 3）结束作业，办理作业终结手续	确认（ ）
4	作业后记录	作业完成后，完成相关电子、纸质记录	确认（ ）
5	发现问题及处理结果	问题描述 处理结果 存在的问题已告知作业班班长或安全区代表	确认（ ）
6	风险变化情况	补充了新增风险，并已告知作业班班长或安全区代表	确认（ ）
7	作业结论	合格（ ）　不合格（ ）	确认（ ）

【检查与控制】

观察员根据操作员的工作过程完成考核评分，具体考核评分细则见表2-2-5。

表 2-2-5　停电常规小修考核评分表

序号	考核项目	考核内容及要求（评分要点）	配分	评分标准	扣分
1	开工	办理作业票	20	作业票负责人按车间、工区的有关规定办理好作业票，完成三级交底作业，未办理扣5分	
		作业负责人对本班作业人员进行分工，并检查劳保用品		分工明确，所有作业人员正确使用劳保用品，分工错误或劳保用品使用错误，扣5分	
		作业负责人向所有作业人员交代作业任务、安全措施和安全注意事项		全体作业人员应明确作业范围、进度要求等内容，未交代或不明确作业任务、作业内容等，扣5分	
		到位人员签名		在到位人员签字栏上签名，未签名各扣2分	
2	检修内容	根据作业内容确定作业标准，按作业标准逐项检查	50	未检查或检查错误，每一项扣5分	
3	竣工	填写作业后记录	30	未填写或填写错误，每一项扣5分	
		文明操作，清理作业现场，将工器具全部收拢并摆放有序，废弃物按相关规定处理，材料及备品备件回收清点		未清理作业现场、乱摆乱放工器具、未回收废弃物、材料及备品备件，每一项扣5分	
	总分		100	得分	

观察员：　　　　　操作员：　　　　　　　年　月　日

【评价反馈】

1. 自我评价（表 2-2-6）。

表 2-2-6　停电常规小修自我评价表

我做得好的地方	我还存在这些方面的问题
□ 动作准确	□ 动作不到位
□ 工具使用规范	□ 工具使用不规范
□ 安装步骤熟悉	□ 安装步骤不熟悉
□ 零件摆放整齐	□ 零件摆放不整齐
□ 操作用时合理	□ 操作用时过长
□ 工作态度端正	□ 工作态度不够端正

2. 小组评价。

我们组做到了：□ 全员参与　□ 分工明确　□ 工作高效　□ 完成了工作任务

3. 教师评价（表 2-2-7）。

表 2-2-7　停电常规小修教师评价表

序号	评价内容	评价指标	等次（星级评定）
1	活动态度方面	1）态度是否积极，是否主动组织或参与活动 2）与小组成员合作是否良好 3）活动是否认真、善始善终 4）是否勇于克服困难	
2	知识技能方面	1）查阅资料能力 2）实地观察记录能力 3）调查研究能力 4）整理材料能力	

【知识巩固】

一、判断题

1. SF_6 气体压力指示在绿色区域是正常情况。　　　　　　　　　　　　　　　　（　　）

2. 断路器弹簧储能指示在白色区域，储能液压油位未超过视窗显示刻度的 2/3。
　　　　　　　　　　　　　　　　　　　　　　　　　　　　　　　　　　（　　）

3. 由于控制回路或监视回路故障，在远方无法进行操作时，应在就地进行操作。
　　　　　　　　　　　　　　　　　　　　　　　　　　　　　　　　　　（　　）

4. 由于控制回路或监视回路故障，在远方无法进行操作时，应在就地进行电动操作。　　　　　　　　　　　　　　　　　　　　　　　　　　　　　　　（　　）

5. 一般情况下，GIS 中不带合闸电阻的断路器允许非同期操作。　　　　　（　　）

6. 同期操作时，不允许采用遥控操作。　　　　　　　　　　　　　　　　（　　）

7. GIS 的电气闭锁是通过 GIS 的辅助触点相互串联实现的。（   ）

8. 地刀和闸刀之间有软件连锁。（   ）

9. 开关和地刀之间有软件连锁。（   ）

10. GIS 隔离开关分闸的软件连锁条件是对应的断路器在分闸位置。（   ）

二、简答题

1. GIS 现场安装后的试验项目有哪些？

2. GIS 运行后的主要试验项目是什么？

3. GIS 有哪些检修项目？

延 伸 阅 读

作为一个成年人，要养成很好的时间观念，如果做事拖沓马虎，是很难在工作上取得成功的。举个例子，A 跟同事 B 一起到其他城市去办事，需要乘坐火车，火车开车时间是上午 11 时，但他们要从一个偏远的地方坐车再转乘其他交通工具到市区的火车站，路途还是很远的。可是时间已经是上午 10 时 20 分了，车子还在市区的路上绕来绕去，也没看到火车站的踪影。因为他们也是第一次来这个城市，所以这里对于他们来说是很陌生的，这时候 A 有点急了，问了一下司机，司机说还有一公里吧，A 才放下心来。这时候同事 B 说，怕什么啊，怎么说也是在市区，不用担心，还有一个小时的时间呢。

作为城市轨道交通企业的一名供电人员，时间观念是特别重要的，因为轨道交通要定时定点运行，时间要求控制得十分精确，如没有时间观念，有可能产生极其严重的后果，给城市轨道交通的运行带来不好的影响。

【学而思】

1. 请你搜集几个历史上与时间观念有关的经典故事分享一下。

2. 结合本项目的学习，谈谈今后在工作中如何做到精准控制时间。

项目三
SF_6 断路器的预防性试验及检修

03

断路器是高压电器中最重要的设备,也是一次系统中控制和保护电路的关键设备。断路器在正常运行时,用来接通或断开电路的负荷电流。当系统出现故障时,断路器在继电保护装置的作用下,用来迅速断开短路电流,切除故障电路,以保障系统中无故障部分的正常运行。SF_6 断路器的预防性试验主要包括导电回路直流电阻测量和绝缘电阻测量等,SF_6 断路器的检修主要涉及小修作业。本项目主要包含以下任务:

任务一　SF_6 断路器导电回路直流电阻测量
任务二　SF_6 断路器绝缘电阻测量
任务三　SF_6 断路器小修

任务一　SF_6 断路器导电回路直流电阻测量

【任务描述】

导电回路直流电阻测量是判断断路器触点接触是否良好的一种常见试验，也是断路器预防性试验的主要项目。如果接触电阻过大，在长期工作电流下积累的发热量将随着电阻的增加而增加，使电接触的温度急剧上升，造成接触电阻继续恶化，严重时可能使触头接触部分局部熔焊，影响开关的正常分合。当通过短路电流时，还会影响开关的动、热稳定性能和分断性能。因此，当主变电所 110kV SF_6 断路器在运行 1~3 年或大修后，需要测量其导电回路直流电阻，掌握触头的接触状况，从而保证设备的安全运行。

【学习目标】

目标名称	目标内容
知识目标	能阐述 SF_6 断路器的结构和工作原理
	能叙述 SF_6 断路器导电回路直流电阻测量的步骤和具体操作
技能目标	能完成 SF_6 断路器导电回路直流电阻测量试验
	能与他人合作，进行有效沟通，能按 6S 管理规定进行作业
素质目标	培养安全作业的意识
	养成爱岗敬业、严谨细致的工作作风

【知识准备】

一、SF_6 断路器基础知识

1. SF_6 气体基本性质

1）SF_6 气体无色、无味、无毒且不燃，其密度为 6.14kg/m³，是空气的 5.1 倍。SF_6 的分解温度为 500℃，无火灾和爆炸的危险，对金属和绝缘材料也无腐蚀和氧化作用，冷却特性好。

2）绝缘性能好。相同条件下 SF_6 气体的绝缘强度是空气的 2.5~3 倍，在 0.3MPa 下 SF_6 气体与变压器的油绝缘强度相同。

3)灭弧性能好。SF$_6$气体的灭弧能力是空气的100倍。SF$_6$气体具有强电负性,能吸附电子和正离子复合,故复合作用快,去游离作用强。尤其在电流过零前后,SF$_6$气体可使弧隙中带电粒子减少,电导率下降。但SF$_6$气体易液化,不宜使用于寒冷地区(环境气温低于-30℃的)。

4)SF$_6$气体受电弧作用后,不会引起变质。虽然SF$_6$气体受电弧作用后,会少量分解为SF$_4$和SF$_2$,但它们很不稳定,在0.1ms的极短时间内即会迅速恢复为SF$_6$。因此SF$_6$断路器在多次强电流断开试验后,SF$_6$气体基本上不劣化。

5)当SF$_6$气体中有水分存在时,在电弧的作用下将产生有害和有毒物质,主要是低氟化物、氢氟酸等。

2. 灭弧室类型及灭弧原理

(1)灭弧室结构 高压断路器是由分断单元、绝缘支撑单元、中间传动机构、操动机构和基座等组成。分断单元是断路器用来进行关合、承载和开断正常工作电流和故障电流的执行元件,它包括触点、导电部分和灭弧室等。SF$_6$断路器灭弧室(见图3-1-1)有双压式和单压式(定开距、变开距)两种类型。其触点系统包括主静触点、弧静触点、主动触点、弧动触点及中间触点。

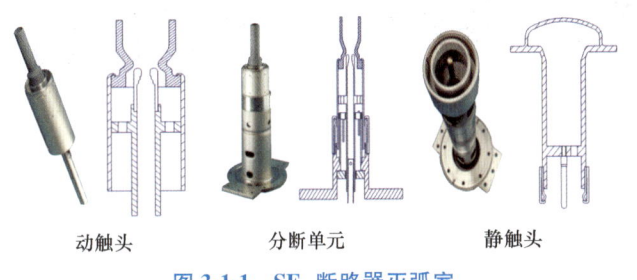

动触头　　　分断单元　　　静触头

图3-1-1　SF$_6$断路器灭弧室

(2)灭弧原理　110kV以上的系统中多采用单压式灭弧室,又称压气式灭弧室,指在断路器内的SF$_6$气体只有一种较低的压力,灭弧室的可动部分带有压气装置,靠分闸过程中活塞与气缸的相对运动,像打气筒打气一样,使气体压力短时间内迅速升高,形成高压气体吹拂电弧,使之熄灭,动触头的运动速度决定了吹气量的大小,一旦分闸操作结束,压气作用随即消失,触头间恢复为低压气体。

(3)特点　单压式灭弧室结构简单、造价低、性能良好,大多应用在110kV以上的高压电网中,其分断电流可达几十千安。目前一些单压式SF$_6$断路器的额定分断电流已达80kA,单断口的电压已达550kV。

3. SF$_6$断路器的分类

(1)瓷柱式(见图3-1-2)　分断元件安装在瓷制绝缘支柱上,使处于高电位的触头、导电部分及灭弧室与地电位绝缘,绝缘支柱则安装在接地的基座上。

(2)罐式(见图3-1-3)　分断元件安装在接地的箱壳中,其间的绝缘依靠气体来承担,导电部分经套管引入,这种结构比较稳定,常在高压和超高压断路器中使用,抗振性能好。

4. SF_6 断路器的优缺点

(1) 优点

1) 分断性能好，分断电流大，燃弧时间短，不会产生重燃过电压。
2) 允许开关的次数多，适于频繁操作，检修周期长。
3) 结构简单，由于灭弧罩断口耐电压高，使其断口数和绝缘支柱数减少。
4) 结构紧凑，体积小，占地面积小。
5) SF_6 气体不易燃，没有火灾危险。

图 3-1-2　瓷柱式 SF_6 断路器

图 3-1-3　罐式 SF_6 断路器

(2) 缺点　SF_6 断路器加工精度要求高，密封性能要求好，检测要求严格，因此价格高。

二、SF_6 断路器导电回路直流电阻测量试验

1. 试验目的

该试验通过测量 SF_6 断路器动、静触头的接触电阻，判断触头接触是否良好。

2. 试验原理

SF_6 断路器导电回路直流电阻试验采用直流压降法完成，原理图如图 3-1-4 所示。

根据欧姆定律 $I=U/R$。使用回路电阻测试仪为 SF_6 断路器导电回路提供恒定电流 I（$\geq 100A$），当电流流经 SF_6 断路器时，由于动、静触头的接触电阻，动、静触头两端会有电压 U，通过接在动、静触头两端的电压表可测量该电压。

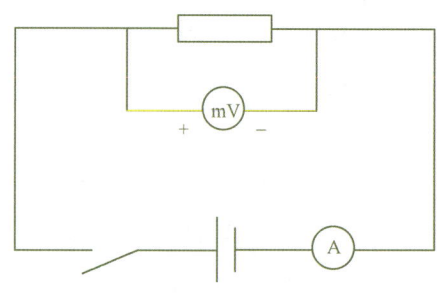

图 3-1-4　直流压降法原理图

3. 试验仪器

试验仪器采用回路电阻测试仪，如图 3-1-5 所示，仪器的型号为 HLC5502，电流选择 100A、200A。

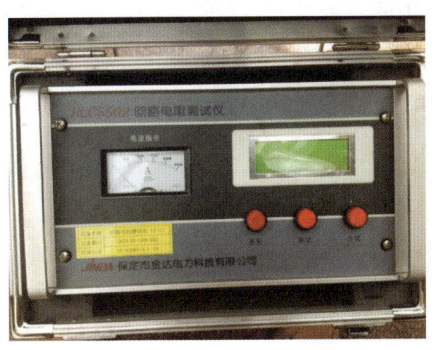

图 3-1-5　回路电阻测试仪

4. 试验接线

如图 3-1-6 所示，使用回路电阻测试仪进行接线与测量。

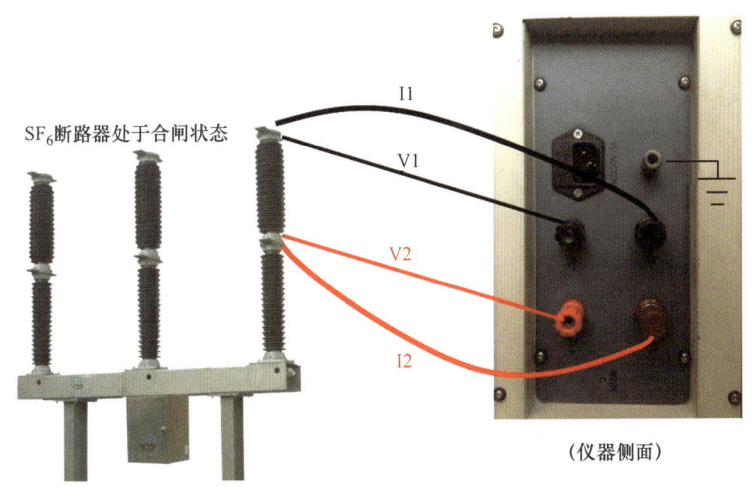

图 3-1-6　试验接线图

5. 作业流程

1）摆放回路电阻测试仪，连接测试线，将回路电阻测试仪接地端可靠接地。被试 SF_6 断路器应在合闸状态，通过专用测试线和回路电阻测试仪连接，电压测量线应在电流输出线内侧。接线应正确，连接应牢固可靠，保证接触良好。

2）开始测量，然后读取并记录测量结果。测量电流输出值应不小于 100A，待测量值稳定、仪器指示无变化时，再记录测量电阻值。

3）停止测量。测量回路未放电或放电不彻底，会危及人身安全并损坏测试设备，必须等待回路电阻测试仪显示已完全放电后才能断开测试回路，再进行后续工作。

【收集信息】

一、我们的学习任务是什么？

二、为顺利完成本学习任务，请按要求完成信息的收集。

1. 根据图3-1-7，简述SF_6断路器的工作原理：_____
_____
_____
_____

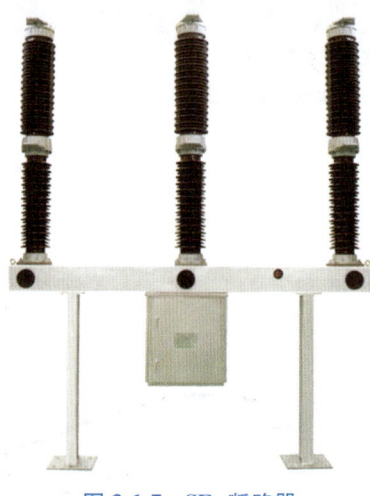

图 3-1-7　SF_6 断路器

2. SF_6断路器导电回路直流电阻测量试验的目的及原理为：_____
_____
_____
_____
_____

3. SF_6断路器导电回路直流电阻测量试验的作业流程为：_____
_____
_____
_____
_____

【制订计划】

请根据断路器导电回路直流电阻测量的任务要求，确定所需的维护仪器、工具，并对小组成员进行合理分工，制订详细的检查和维护计划。

1. 小组成员分工：_____
_____
_____

2. 备品备件准备：_____
_____
_____

3. 危险点分析：_____
_____

4. 安全措施：_____

_____

5. 作业程序及标准：_____

_____

【任务实施】

1. 按表 3-1-1 完成作业前准备。

表 3-1-1　断路器导电回路直流电阻测量作业前准备

出发前准备	人员	人员资质、职业禁忌、身体状况、精神状态满足作业要求	确认（　）
	仪器工具	回路电阻测试仪、测试线、绝缘垫、万用表、绝缘梯、电烙铁、计算器、工具箱、塑料带、低压熔丝、电源线、安全围绳、扳手、砂纸	确认（　）
	技术资料	前次试验报告、现场记录和标准化作业卡	确认（　）
	作业票	办理作业票	确认（　）
	防护用品	安全帽、安全带、工作服	确认（　）
	物资材料	根据作业内容，确定相关物资、备品备件	确认（　）
	车辆	已开展车辆安全检查，并已确定最佳行驶路线	确认（　）
进场前准备		1）安排作业班成员在指定地点耐心等候 2）办理作业许可手续，确保现场安全措施符合作业要求 3）再次核查人数相符和个人防护用品正确佩戴 4）作业负责人在首位，作业班按指定路线列纵队进场	确认（　）
作业和安全技术交底		作业负责人向作业班成员交代作业任务、作业范围、安全措施、分工安排	确认（　）
	应急事项	遇紧急情况，作业人员应根据现场情况按照以下的紧急处理程序进行处理： 1）发生人员坠落、人员触电、人员中暑等严重威胁生命的情况时，立即向当值调度员和本部门领导、安全监督人员报告并将遇险人员转移到安全地点进行急救，同时拨打120电话联系医院派救护车前来救援 2）发生碰伤、扭伤等较轻微且不危及生命的伤病时，先暂停作业进行紧急处理，再视伤病严重程度考虑是否送医院治疗 3）发生误碰设备跳闸事故时，应立即停止作业，并通知许可人	确认（　）
风险评估	风险	控制措施	
	走错间隔，触电伤亡	作业负责人带领进入作业现场；核对设备名称和编号	确认（　）
	接取试验电源，触电伤亡	检查漏电保护开关正常，禁止用导线在插座上取电源	确认（　）
	高空坠落	穿防滑鞋、系安全带	确认（　）
	序号	现场评估后补充风险　　　　　　　临时应对措施	
			确认（　）

2. 完成作业过程。

1）按表 3-1-2 登记作业内容。

表 3-1-2　断路器导电回路直流电阻测量作业内容登记表

项目	风险	控制措施	
			确认（　）
仪器/仪表	名称	型号	厂家	有效日期
作业标准				
作业记录				确认（　）
试验日期		环境温度/℃	环境相对湿度（%）	

2）按表 3-1-3 完成作业终结记录。

表 3-1-3　断路器导电回路直流电阻测量作业终结记录表

序号	项目	内容	作业记录
1	恢复现场	作业中临时做的措施已全部恢复（如临时接地线等）	确认（　）
2	清理现场	清理、撤离现场前，将仪器、工具、材料等搬离现场	确认（　）
3	作业终结	1）作业负责人在首位，按指定路线列纵队退场 2）安排作业班成员到指定地点耐心等候 3）结束作业，办理作业终结手续	确认（　）
4	作业后记录	作业完成后，完成相关电子、纸质记录	确认（　）
5	发现问题及处理结果	问题描述 处理结果 存在的问题已告知作业班班长或安全区代表	确认（　）
6	风险变化情况	补充了新增风险，并已告知作业班班长或安全区代表	确认（　）
7	作业结论	合格（　）　　不合格（　）	确认（　）

【检查与控制】

观察员根据操作员的工作过程完成考核评分，具体考核评分细则见表 3-1-4。

表 3-1-4　断路器导电回路直流电阻测量考核评分表

操作时间：60min

序号	考核项目	考核内容及要求（评分要点）	配分	评分标准	扣分
1	摆放回路电阻测试仪，连接测试线	将回路电阻测试仪接地端可靠接地，参考试验接线图。检查被试断路器应在合闸状态，通过专用测试线和断路器连接，电压测量线应在电流输出线内侧	40	接线应正确，连接应牢固可靠，保证接触良好，接线错误扣 40 分；测试线连接不牢固或松动扣 20 分	
2	开始测量，读取并记录测量结果	启动回路电阻测试仪开始测量，测量电流输出值不小于 100A，待测量值稳定、仪器指示无变化时，记录测量直流电阻值	40	注意测量电流输出值的大小，测量电流输出值不符合规定，扣 40 分；测量值未稳定、测量直流电阻值不准确，扣 20 分	
3	停止测量	测量回路未放电或放电不彻底，会危及人身安全、损坏测试设备，必须等待回路电阻测试仪显示已完全放电才能断开测试回路，进行后续工作	20	未等回路电阻测试仪显示已完全放电就断开测试回路，扣 20 分	
		总分	100	得分	

观察员：　　　　　　　操作员：　　　　　　　　　　年　　月　　日

【评价反馈】

1. 自我评价（表 3-1-5）。

表 3-1-5　断路器导电回路直流电阻测量自我评价表

我做得好的地方	我还存在这些方面的问题
□ 动作准确	□ 动作不到位
□ 工具使用规范	□ 工具使用不规范
□ 安装步骤熟悉	□ 安装步骤不熟悉
□ 零件摆放整齐	□ 零件摆放不整齐
□ 操作用时合理	□ 操作用时过长
□ 工作态度端正	□ 工作态度不够端正

2. 小组评价。

我们组做到了：□ 全员参与　　□ 分工明确　　□ 工作高效　　□ 完成了工作任务

3. 教师评价（表3-1-6）。

表3-1-6 断路器导电回路直流电阻测量教师评价表

序号	评价内容	评价指标	等次（星级评定）
1	活动态度方面	1）态度是否积极，是否主动组织或参与活动 2）与小组成员合作是否良好 3）活动是否认真、善始善终 4）是否勇于克服困难	
2	知识技能方面	1）查阅资料能力 2）实地观察记录能力 3）调查研究能力 4）整理材料能力	

【知识巩固】

一、选择题

1. SF_6断路器的灭弧及绝缘介质是（　　）。

　　A. 变压器油　　　　B. 空气　　　　　　C. 真空　　　　　　D. SF_6气体

2. SF_6是一种无色、无味、无毒、不易燃的气体，并有优异的（　　）特性。

　　A. 物理　　　　　　B. 化学　　　　　　C. 导电　　　　　　D. 冷却电弧

3. SF_6是一种比较重的气体，在相同条件下，其密度为空气的（　　）倍。

　　A. 2　　　　　　　B. 4　　　　　　　C. 5　　　　　　　D. 10

4. SF_6气体的介电强度为同一气压下空气的（　　）倍。

　　A. 1~1.5　　　　　B. 2.5~3　　　　　C. 3~4.5　　　　　D. 5.5~6

5. SF_6断路器中的SF_6气体灭弧能力比空气强（　　）。

　　A. 30倍　　　　　　B. 50倍　　　　　　C. 80倍　　　　　　D. 100倍

6. 下列电弧中，较容易熄灭的是（　　）。

　　A. 混合型电弧　　　　　　　　　　　　B. 集聚型电弧

　　C. 扩散型电弧　　　　　　　　　　　　D. 均可以

7. 通过（　　）装置来查看SF_6断路器的SF_6气体压力是否正常。

　　A. 控制方式显示　　　　　　　　　　　B. 信号显示

　　C. SF_6气体密度继电器　　　　　　　　D. 测温片

8. 当运行中的SF_6断路器发生泄漏故障，运行或检修人员需要接近设备时，要注意从（　　）方向接近。

　　A. 上风　　　　　　　　　　　　　　　B. 下风

　　C. 侧风　　　　　　　　　　　　　　　D. 均可以

9. 单人（　　）进入SF_6配电室从事检修工作。

　　A. 可以　　　　　　　　　　　　　　　B. 经充分通风后可以

　　C. 征得值班人员同意可以　　　　　　　D. 不准

二、判断题

1. 断路器在电力系统中承担着非常重要的作用，不仅能接通和断开负荷电流，还能断开短路电流。（　　）

2. 断路器的分闸速度影响灭弧能力。（　　）

3. 新投运的断路器应进行远方电动操作试验。（　　）

4. SF_6 气体具有优良的灭弧性能和导电性能。（　　）

5. SF_6 断路器的触头组装不良会引起运动速度失常和损坏部件，对接触电阻无影响。（　　）

三、简答题

1. 产生电弧的游离方式有哪些？

2. 为什么说 SF_6 气体具有良好的绝缘特性和灭弧性能？

任务二 SF₆断路器绝缘电阻测量

【任务描述】

断路器绝缘试验,是通过各种测试手段来判断并掌握断路器导电部分对地以及断口间的绝缘水平的试验。由于不同的断路器结构特征相差很大,故其试验项目及判断标准也不完全一样。断路器绝缘电阻测量是断路器试验中的一项基本试验,其具有简便易行的特点,如断路器有整体上的绝缘缺陷(如受潮),在绝缘电阻上一般也会有一定程度的反映。

定期对主变电所110kV SF₆断路器进行绝缘试验,测量其绝缘电阻,并与出厂值及历年试验结果或同类型的断路器进行比较,可初步检查其内部是否受潮、老化。

【学习目标】

目标名称	目标内容
知识目标	能阐述SF₆断路器的结构和工作原理
	能叙述SF₆断路器绝缘电阻测量的步骤和具体操作
技能目标	能完成SF₆断路器绝缘电阻测量试验
	能与他人合作,进行有效沟通,能按6S管理规定进行作业
素质目标	培养安全作业的意识
	养成爱岗敬业、严谨细致的工作作风

【知识准备】

1. SF₆断路器绝缘电阻测量的目的

断路器绝缘试验,是通过各种测试手段来判断并掌握断路器导电部分对地以及断口间的绝缘水平的试验。由于不同的断路器结构特征相差很大,故其试验项目及判断标准也不完全一样。一般来说,断路器的预防性试验项目分为以下几种:

1)绝缘电阻测量。
2)介质损耗因数测量(仅对多油断路器进行)。
3)泄漏电流试验(仅对少油断路器进行)。
4)交流耐压试验。

5）断路器并联电阻和并联电容绝缘性能试验。

定期对主变电所 110kV SF$_6$ 断路器进行绝缘试验，测量其绝缘电阻，并与出厂值及历年试验结果或同类型的断路器进行比较，可初步检查其内部是否受潮、老化。

2. SF$_6$ 断路器绝缘电阻测量的原理

将绝缘电阻表的接地端与断路器的接地线连接，将绝缘电阻表的高压端接到 SF$_6$ 断路器的测量部位，驱动绝缘电阻表达到额定转速，或接通绝缘电阻表电源，待指针稳定后（或 60s 后），读取绝缘电阻值。

3. SF$_6$ 断路器绝缘电阻测量所需的仪器

1）仪器名称：绝缘电阻表（绝缘电阻测试仪）2500V/10000MΩ。

2）额定电压：2500V。

3）绝缘电阻测量范围：0~10000MΩ。

4. SF$_6$ 断路器绝缘电阻测量的作业流程

1）断开被测 SF$_6$ 断路器外侧电源开关，拆除或断开被测 SF$_6$ 断路器对外的一切连线，将被测 SF$_6$ 断路器接地放电。

2）用验电器验证被测 SF$_6$ 断路器确无电压。

3）绝缘电阻表上的接线端子"E"是接地端，"L"是高压端。将绝缘电阻表水平放稳，当绝缘电阻表转速尚在低速旋转时，用导线瞬时短接接线端子"L"和"E"，其指针应指零。

4）开路时，使绝缘电阻表转速达额定转速，其指针应指向"∞"。

5）然后使绝缘电阻表停止转动，将高压端接到被测 SF$_6$ 断路器测量部位。驱动绝缘电阻表达额定转速，或接通绝缘电阻表电源，待指针稳定后（或 60s 后），读取绝缘电阻值。

6）分别测量 U 对地、U 对 U 断口、V 对地、V 对 V 断口、W 对地、W 对 W 断口的绝缘电阻值，并记录。

7）分别测量 U 对 V 断口、V 对 W 断口、W 对 U 断口的绝缘电阻值，并记录。

8）读取绝缘电阻后，先断开接至被测 SF$_6$ 断路器高压端的连接线，然后再使绝缘电阻表停止运转，断开绝缘电阻表后对被测 SF$_6$ 断路器短接放电并接地。测量时应记录被测 SF$_6$ 断路器的温度、相对湿度、气象情况、试验日期及使用仪表等。

【收集信息】

一、我们的学习任务是什么？

二、为顺利完成本学习任务，请按要求完成信息的收集。

1. SF$_6$ 断路器绝缘电阻测量的目的及原理为：_____
_____
_____

2. SF_6 断路器绝缘电阻测量的作业流程为：_____
_____
_____
_____

【制订计划】

请根据断路器绝缘电阻测量的任务要求，确定所需的维护仪器、工具，并对小组成员进行合理分工，制订详细的检查和维护计划。

1. 小组成员分工：_____
_____
_____

2. 备品备件准备：_____
_____
_____

3. 危险点分析：_____
_____
_____

4. 安全措施：_____
_____
_____

5. 作业程序及标准：_____
_____
_____

【任务实施】

1. 按表 3-2-1 完成作业前准备。

表 3-2-1　断路器绝缘电阻测量作业前准备

出发前准备	人员	人员资质、职业禁忌、身体状况、精神状态满足作业要求	确认（　）
	仪器工具	绝缘电阻表（2500V）、测试线、电源盘及闸刀板、操作杆、介质损耗测试仪、绝缘板、温湿度计、电压表、万用表、高压直流发生器	确认（　）
	技术资料	前次试验报告、现场记录和标准化作业卡	确认（　）
	作业票	办理作业票	确认（　）
	防护用品	安全帽、安全带、工作服	确认（　）
	物资材料	根据作业内容，确定相关物资、备品备件	确认（　）
	车辆	已开展车辆安全检查，并已确定最佳行驶路线	确认（　）

（续）

进场前准备	1）安排作业班成员在指定地点耐心等候 2）办理作业许可手续，确保现场安全措施符合作业要求 3）再次核查人数相符和个人防护用品正确佩戴 4）作业负责人在首位，作业班按指定路线列纵队进场		确认（　）
作业和安全技术交底	作业负责人向工作班成员交代作业任务、作业范围、安全措施、分工安排		确认（　）
	应急事项	遇紧急情况，作业人员应根据现场情况按照以下的紧急处理程序进行处理： 1）发生人员坠落、人员触电、人员中暑等严重威胁生命的情况时，立即向当值调度员和本部门领导、安全监督人员报告并将遇险人员转移到安全地点进行急救，同时拨打120电话联系医院派救护车前来救援 2）发生碰伤、扭伤等较轻微且不危及生命的伤病时，先暂停作业进行紧急处理，再视伤病严重程度考虑是否送医院治疗 3）发生误碰设备跳闸事故时，应立即停止作业，并通知许可人	确认（　）
风险评估	风险	控制措施	
	走错间隔，触电伤亡	作业负责人带领进入作业现场；核对设备名称和编号	确认（　）
	接取试验电源，触电伤亡	检查漏电保护开关正常，禁止用导线在插座上取电源	确认（　）
	高空坠落	穿防滑鞋、系安全带	确认（　）
	序号　　现场评估后补充风险	临时应对措施	确认（　）

2. 完成作业过程。

1）按表 3-2-2 登记作业内容。

表 3-2-2　断路器绝缘电阻测量作业内容登记表

项目	风险		控制措施	
				确认（　）
仪器/仪表	名称	型号	厂家	有效日期
作业标准				
作业记录				确认（　）
试验日期		环境温度/℃	环境相对湿度（%）	

2）按表 3-2-3 完成作业终结记录。

表 3-2-3　断路器绝缘电阻测量作业终结记录表

序号	项目	内容	作业记录
1	恢复现场	作业中临时做的措施已全部恢复（如临时接地线等）	确认（　）
2	清理现场	清理、撤离现场前，将仪器、工具、材料等搬离现场	确认（　）
3	作业终结	1）作业负责人在首位，按指定路线列纵队退场 2）安排作业班成员到指定地点耐心等候 3）结束作业，办理作业终结手续	确认（　）
4	作业后记录	作业完成后，完成相关电子、纸质记录	确认（　）
5	发现问题及处理结果	问题描述 处理结果 存在的问题已告知作业班班长或安全区代表	确认（　）
6	风险变化情况	补充了新增风险，并已告知作业班班长或安全区代表	确认（　）
7	作业结论	合格（　）　不合格（　）	确认（　）

【检查与控制】

观察员根据操作员的工作过程完成考核评分，具体考核评分细则见表 3-2-4。

表 3-2-4　断路器绝缘电阻测量考核评分表

操作时间：60min

序号	考核项目	考核内容及要求（评分要点）	配分	评分标准	扣分
1	断开断路器外侧电源开关	断开被试断路器的电源，拆除或断开对外的一切连线，将被试断路器接地放电	15	未断开电源和连线、未接地放电，扣 15 分	
2	验证确无电压	断开被试断路器的电源后，用验电器验证确无电压	10	未验证确无电压，扣 10 分	
3	分别测量 U 对地、U 对 U 断口、V 对地、V 对 V 断口、W 对地、W 对 W 断口、U 对 V 断口、V 对 W 断口、W 对 U 断口的绝缘电阻值，并记录	绝缘电阻表上的接线端子"E"是接地端，"L"是高压端。将绝缘电阻表的接地端与被试断路器的接地线连接，绝缘电阻表的高压端接到被试断路器测量部位。驱动绝缘电阻表达到额定转速，或接通绝缘电阻表电源，待指针稳定后（或 60s 后），读取绝缘电阻值	60	未测 1 项，扣 10 分	

(续)

序号	考核项目	考核内容及要求（评分要点）	配分	评分标准	扣分
4	断开接至被试断路器高压端的连接线，然后再使绝缘电阻表停止运转	读取绝缘电阻后，先断开接至被试断路器高压端的连接线，然后再使绝缘电阻表停止运转；断开绝缘电阻表后对被试断路器短接放电并接地；测量时应记录被试断路器的温度、相对湿度、气象情况、试验日期及使用仪表等	15	操作顺序错误、未对被试断路器短接放电并接地，扣15分未记录被试设备的温度、相对湿度、气象情况、试验日期及使用仪表，扣10分	
		总分	100	得分	

观察员：　　　　　　操作员：　　　　　　　　　年　　月　　日

【评价反馈】

1. 自我评价（表 3-2-5）。

表 3-2-5　断路器绝缘电阻测量自我评价表

我做得好的地方	我还存在这些方面的问题
□ 动作准确	□ 动作不到位
□ 工具使用规范	□ 工具使用不规范
□ 安装步骤熟悉	□ 安装步骤不熟悉
□ 零件摆放整齐	□ 零件摆放不整齐
□ 操作用时合理	□ 操作用时过长
□ 工作态度端正	□ 工作态度不够端正

2. 小组评价。

我们组做到了：□ 全员参与　　□ 分工明确　　□ 工作高效　　□ 完成了工作任务

3. 教师评价（表 3-2-6）。

表 3-2-6　断路器绝缘电阻测量教师评价表

序号	评价内容	评价指标	等次（星级评定）
1	活动态度方面	1）态度是否积极，是否主动组织或参与活动 2）与小组成员合作是否良好 3）活动是否认真、善始善终 4）是否勇于克服困难	
2	知识技能方面	1）查阅资料能力 2）实地观察记录能力 3）调查研究能力 4）整理材料能力	

【知识巩固】

一、选择题

1. 高压断路器的主要作用有（　　）。
   A. 隔离电源　　　B. 通断小电流　　　C. 控制、保护　　　D. 测量

2. 按照灭弧介质的不同，断路器主要有（　　）。
   A. 真空断路器和SF_6断路器　　　　B. 高压断路器和低压断路器
   C. 屋内式断路器和屋外式断路器　　　D. 瓷柱式断路器和罐式断路器

3. SF_6在温度高于（　　）℃以上时，才能保持气态。
   A. 0　　　　B. 20　　　　C. 45　　　　D. 100

4. 在大气压力下且温度至多在（　　）℃时，SF_6具有高度的化学稳定性。
   A. 100　　　B. 200　　　C. 500　　　D. 600

5. SF_6分解的危险温度是（　　）℃左右，此时SF_6分解形成硫的低氟化合物。
   A. 100　　　B. 200　　　C. 500　　　D. 600

6. 所含水分超过一定浓度时，SF_6的温度达到（　　）℃以上就可能产生分解，分解的生成物中有氢氟酸，这是一种有强腐蚀性和剧毒的酸类。
   A. 100　　　B. 200　　　C. 500　　　D. 600

7. 对SF_6断路器进行充气时，其容器及管道必须干燥，工作人员必须（　　）。
   A. 戴手套　　　B. 戴防毒面具　　　C. 戴手套和口罩　　　D. 戴安全帽

8. 断路器的分闸速度会影响（　　）。
   A. 合闸电阻　　B. 消弧片　　　C. 分闸阻抗　　　D. 灭弧能力

9. 断路器套管出现裂纹后，会使其绝缘强度（　　）。
   A. 不变　　　B. 降低　　　C. 升高　　　D. 时升时降

10. 下列属于瓷柱式单压力SF_6断路器巡视部件的是（　　）。
    A. 灭弧室　　　　　　　　　　　B. 触头
    C. 外壳和绝缘瓷柱　　　　　　　D. 灭弧喷口

二、判断题

1. 纯净的SF_6气体是有毒的。（　　）

2. SF_6断路器中的SF_6气体在常压下绝缘强度比空气大3倍。（　　）

3. SF_6断路器和GIS中的SF_6气体，所含的水分将对设备起腐蚀和破坏的作用。（　　）

4. 低温对SF_6断路器尤为不利，当温度低于某一使用压力下的临界温度，SF_6气体将液化，而其对绝缘、灭弧能力及分断额定电流无影响。（　　）

5. SF_6气体的缺点是电气性能受电场均匀程度、水分及杂质影响特别大。（　　）

三、简答题

1. 高压断路器的主要作用有哪些？

2. 断路器断开过程中电弧是如何形成的？

任务三　SF_6断路器小修

【任务描述】

为了保证断路器在运行时的安全、可靠，提高电力系统的稳定性，检修人员应根据设备的状态、运行时间并参照设备安装使用说明书中的检修条件等因素，来决定是否对断路器进行检修。检修包括检查（检测）和修理两部分内容，分为小修、大修和临时性检修。小修是对设备进行的不解体检查、修理。当主变电所 110kV SF_6 断路器在运行一年后，需要对其进行小修作业。

【学习目标】

目标名称	目标内容
知识目标	能说出 SF_6 断路器的结构和工作原理
	能叙述 SF_6 断路器的检修方法和步骤
技能目标	能完成 SF_6 断路器的小修
	能与他人合作，进行有效沟通，能按 6S 管理规定进行作业
素质目标	培养安全作业的意识
	培养爱岗敬业、严谨细致的工作作风

【知识准备】

1. SF_6断路器小修的项目

SF_6断路器的小修（见图 3-3-1）一般每年进行一次。小修项目包括：

1）检查瓷套。
2）检查 SF_6 气体系统。
3）进行 SF_6 气体微水测量。
4）检查储能机构。
5）检查分、合闸铁心线圈。
6）检查凸轮连杆机构。
7）检查辅助开关。

8）进行手动分、合闸试验。

9）进行低电压试验。

图 3-3-1　SF_6 断路器小修

2. SF_6 断路器小修的作业流程

1）检查瓷套无损伤、无放电痕迹，相序清晰。法兰密封良好，防水胶完好。

2）检查 SF_6 气体系统，温度为 20℃，SF_6 气体额定压力为 0.5MPa，补气报警压力为 0.42MPa，开关闭锁压力为 0.40MPa。

3）进行 SF_6 气体微水测量，其含水量 ≤150μL/L。

4）检查储能机构，各元件及齿轮润滑元件完好，合闸弹簧完好，行程开关剩余行程 1~2mm。储能电动机及附件完好，运转声音无异常，电动机绝缘电阻值 > 0.5MΩ。电动机储能无异常，储能指示正确。

5）检查分、合闸铁心线圈，铁心 360° 传动灵活，无严重摩擦，无上下卡涩。线圈引线无绝缘损伤，绝缘电阻值 > 1MΩ。测量分、合闸线圈电阻，两者均应为 275Ω 左右。

6）检查凸轮连杆机构，凸轮、连板、半轴、扇形板及复位弹簧无变形。机构在合闸位置时，调整止钉，使半轴与扇形板间的扣接量为 1.8~2.5mm。机构脱扣后，半轴转动到限位器处时与扇形板间的间隙为 0.3mm。机构在分闸位置时，调整限位螺钉，使半轴与扇形板间的间隙为 1.5~3mm。

7）检查辅助开关，相关元件完整，接触良好，切换正确。

8）进行手动分、合闸试验，SF_6 断路器手动分、合闸动作正确，机械部件无卡涩。

9）进行低电压试验，最低合闸电压≥187V，能可靠合闸；最低分闸电压≥143V，能可靠分闸；最低分闸电压≤66V，不能分闸。

【收集信息】

一、我们的学习任务是什么？

二、为顺利完成本学习任务，请按要求完成信息的收集。

1. 简述断路器的小修的项目：_____
_____
_____
_____

2. 简述断路器小修的作业流程：_____
_____
_____
_____

【制订计划】

请根据断路器小修的任务要求，确定所需的维护仪器、工具，并对小组成员进行合理分工，制订详细的检查和维护计划。

1. 小组成员分工：_____
_____
_____

2. 备品备件准备：_____
_____
_____

3. 危险点分析：_____
_____
_____

4. 安全措施：_____
_____
_____

5. 作业程序及标准：_____
_____
_____

【任务实施】

1. 按表 3-3-1 完成作业前准备。

表 3-3-1　断路器小修作业前准备

出发前准备	人员	人员资质、职业禁忌、身体状况、精神状态满足作业要求	确认（　）
	仪器工具	个人常用工具、绝缘梯、低电压测试仪、钢板尺、螺钉旋具、呆扳手、梅花扳手、套筒扳手、锤子、钳子、吹风机、绝缘电阻表、万用表、毛刷、电源接线盘、检漏仪、密度继电器校验仪	确认（　）
	技术资料	前次试验报告、现场记录和标准化作业卡	确认（　）
	作业票	办理作业票	确认（　）
	防护用品	安全帽、安全带、工作服	确认（　）
	物资材料	辅助开关、分闸线圈、合闸线圈、计数器、微动开关、白布、棉纱、乙醇、汽油、螺钉、砂纸、润滑油	确认（　）
	车辆	已开展车辆安全检查，并已确定最佳行驶路线	确认（　）
进场前准备		1）安排作业班成员在指定地点耐心等候 2）办理作业许可手续，确保现场安全措施符合作业要求 3）再次核查人数相符和个人防护用品正确佩戴 4）作业负责人在首位，作业班按指定路线列纵队进场	确认（　）
作业和安全技术交底		作业负责人向作业班成员交代作业任务、作业范围、安全措施、分工安排	确认（　）
	应急事项	遇紧急情况，作业人员应根据现场情况按照以下的紧急处理程序进行处理： 1）发生人员坠落、人员触电、人员中暑等严重威胁生命的情况时，立即向当值调度员和本部门领导、安全监督人员报告并将遇险人员转移到安全地点进行急救，同时拨打 120 电话联系医院派救护车前来救援 2）发生碰伤、扭伤等较轻微且不危及生命的伤病时，先暂停作业进行紧急处理，再视伤病严重程度考虑是否送医院治疗 3）发生误碰设备跳闸事故时，应立即停止作业，并通知许可人	确认（　）
风险评估	风险	控制措施	
	走错间隔，触电伤亡	作业负责人带领进入作业现场；核对设备名称和编号	确认（　）
	接取试验电源，触电伤亡	检查漏电保护开关正常，禁止用导线在插座上取电源	确认（　）
	高空坠落	穿防滑鞋、系安全带	确认（　）
	序号	现场评估后补充风险	临时应对措施
			确认（　）

2. 完成作业过程。

1）按表 3-3-2 登记作业内容。

表 3-3-2　断路器小修作业内容登记表

项目	风险		控制措施	
				确认（　）
仪器/仪表	名称	型号	厂家	有效日期
作业标准				
作业记录				确认（　）
试验日期		环境温度/℃	环境相对湿度（%）	

2）按表 3-3-3 完成作业终结记录。

表 3-3-3　断路器小修作业终结记录表

序号	项目	内容		作业记录
1	恢复现场	作业中临时做的措施已全部恢复（如临时接地线等）		确认（　）
2	清理现场	清理、撤离现场前，将仪器、工具、材料等搬离现场		确认（　）
3	作业终结	1）作业负责人在首位，按指定路线列纵队退场 2）安排作业班成员到指定地点耐心等候 3）结束作业，办理作业终结手续		确认（　）
4	作业后记录	作业完成后，完成相关电子、纸质记录		确认（　）
5	发现问题及处理结果	问题描述		确认（　）
		处理结果		
		存在的问题已告知作业班班长或安全区代表		
6	风险变化情况	补充了新增风险，并已告知作业班班长或安全区代表		确认（　）
7	作业结论	合格（　）　　不合格（　）		确认（　）

【检查与控制】

观察员根据操作员的工作过程完成考核评分，具体考核评分细则见表 3-3-4。

表 3-3-4 断路器小修考核评分表

操作时间：60min

序号	考核项目	考核内容及要求（评分要点）	配分	评分标准	扣分
1	开工	办理作业票	20	作业票负责人按局、工区有关规定办理好作业票，完成三级交底作业，未办理扣5分	
		作业负责人对本班作业人员进行分工，并检查劳保用品		分工明确，所有作业人员正确使用劳保用品，分工错误或劳保用品使用错误，扣5分	
		作业负责人向所有作业人员交代作业任务、安全措施和安全注意事项		全体作业人员应明确作业范围、进度要求等内容，未交代或不明确作业任务、作业内容等，扣5分	
		到位人员签名		在到位人员签字栏上签名，未签名各扣2分	
2	检修电源的使用	检修电源的接取位置	20	从检修电源箱接取，且在作业现场的电源引入处配置有明显断开点的闸刀和触电保护器，接取错误扣5分	
		检修电源的配置		电源必须是三相四线制并有漏电保护开关，配置错误扣5分	
		接取电源时的注意事项		必须由检修专业人员接取，接取时严禁单人操作 接取电源前应先验电，用万用表确认电源电压等级和电源类型无误后，从检修电源箱内出线闸刀的下桩头引出，操作错误扣5分	
		检修电源线的要求		检修电源线截面积应为2.5mm²及以上，选型错误扣5分	
3	检修内容	检查瓷套	50	未检查或检查错误，每一项扣10分 未进行手动分、合闸试验，未进行低电压试验或试验错误，扣10分	
		检查SF₆气体系统			
		进行SF₆气体微水测量			
		检查储能机构			
		检查分、合闸铁心线圈			
		检查凸轮连杆机构			
		检查辅助开关			
		进行手动分、合闸试验			
		进行低电压试验			
4	竣工	正确使用各种工具和量具，不得损坏工具和量具	10	工具、量具使用方法不正确，一次扣2分 损坏工具、量具，扣5分	
		文明操作，清理作业现场，将工器具全部收拢并摆放有序，废弃物按相关规定处理，材料及备品备件回收清点		未清理作业现场、乱摆乱放工器具、未回收废弃物、材料及备品备件，每一项扣5分	
	总分		100	得分	

观察员：　　　　操作员：　　　　年　　月　　日

【评价反馈】

1. 自我评价（表 3-3-5）。

表 3-3-5 断路器小修自我评价表

我做得好的地方	我还存在这些方面的问题
□ 动作准确	□ 动作不到位
□ 工具使用规范	□ 工具使用不规范
□ 安装步骤熟悉	□ 安装步骤不熟悉
□ 零件摆放整齐	□ 零件摆放不整齐
□ 操作用时合理	□ 操作用时过长
□ 工作态度端正	□ 工作态度不够端正

2. 小组评价。

我们组做到了：□ 全员参与　　□ 分工明确　　□ 工作高效　　□ 完成了工作任务

3. 教师评价（表 3-3-6）。

表 3-3-6 断路器小修教师评价表

序号	评价内容	评价指标	等次（星级评定）
1	活动态度方面	1）态度是否积极，是否主动组织或参与活动 2）与小组成员合作是否良好 3）活动是否认真、善始善终 4）是否勇于克服困难	
2	知识技能方面	1）查阅资料能力 2）实地观察记录能力 3）调查研究能力 4）整理材料能力	

【知识巩固】

一、选择题

1.（　　）属于高速铁路牵引变电所一次设备。

A. 微机保护测控装置　　　　　B. 高压断路器

C. 交直流屏　　　　　　　　　D. 控制屏

2. 断路器缓冲器的作用是（　　）。

A. 避免分闸过度　　　　　　　B. 避免合闸过度

C. 缓冲分合闸冲击力　　　　　D. 降低分合闸速度

3. 标志断路器开合短路故障能力的数据是（　　）。

A. 额定短路开合电流的峰值　　B. 最大单相短路电流

C. 断路电压　　　　　　　　　D. 最大运行负荷电流

4. SF$_6$断路器不含有 SF$_6$ 气体的部件是（　　）。
   A. 基座　　　　　B. 机构箱　　　　　C. 支持瓷套　　　　　D. 灭弧室
5. 弹簧储能液压操动机构运行过程中，断路器在分闸或合闸状态下碟簧应始终处于（　　）。
   A. 拉伸状态　　　B. 正常状态　　　　C. 储能状态　　　　　D. 不确定状态
6. 断路器采用多断口是为了（　　）。
   A. 用于绝缘　　　　　　　　　　　　B. 提高分、合闸速度
   C. 提高遮断灭弧能力　　　　　　　　D. 使各断口均压
7. 瓷柱式 SF$_6$ 断路器的导电回路包含的部件是（　　）。
   A. 机构箱　　　　B. 集电筒　　　　　C. 分闸弹簧　　　　　D. 吸附剂
8. SF$_6$ 断路器灭弧室的主体是（　　）。
   A. 机构箱　　　　B. 传动机构　　　　C. 灭弧瓷套　　　　　D. 上、下集电筒
9. 新投运的 SF$_6$ 断路器在投运（　　）后应进行全面检漏一次。
   A. 3 个月　　　　B. 6 个月　　　　　C. 9 个月　　　　　　D. 12 个月
10. 运行中的 SF$_6$ 设备，一般应每（　　）检测一次湿度。
    A. 3 个月　　　　B. 6 个月　　　　　C. 9 个月　　　　　　D. 12 个月
11. 在拆开 SF$_6$ 断路器的灭弧部件时，应尽量避免（　　）。
    A. 戴防毒面具　　B. 戴防护手套　　　C. 穿长袖工作服　　　D. 露出皮肤

二、判断题

1. SF$_6$ 断路器含水量超标时，应将 SF$_6$ 气体放净，重新充入新气。（　　）
2. 与少油断路器相比，对相同电压等级和相近分断电流，SF$_6$ 断路器的串联断口数要少。（　　）
3. 在巡视 SF$_6$ 断路器过程中，只要断路器实际运行位置正确，断路器显示位置与实际运行位置可以不一致。（　　）
4. 运行后的 SF$_6$ 断路器灭弧室内的吸附剂不可进行烘燥处理，不得随意乱放和任意处理。（　　）
5. 运行中的 SF$_6$ 气体应做的试验项目有八项：湿度、密度、毒性、酸度、四氟化碳、空气、可水解氟化物、矿物油。（　　）
6. SF$_6$ 气体具有优良的灭弧性能和绝缘性能的原因之一是它具有强电负性，即 SF$_6$ 分子捕捉自由电子形成负离子后再与正离子结合，造成空间带电粒子的迅速减少，从而使电弧间隙介质迅速恢复和降低击穿电压。（　　）

三、简答题

1. 瓷柱式 SF$_6$ 断路器的触头系统包含哪些部件？
2. 断路器的一般巡视要求有哪些？

---延伸阅读---

坚韧，是指人在遭遇身体及精神上的困难、压力时，依然坚持不放弃的忍受力，即面对危险与灾难时精神上的坚定、坚强的耐受力、勇气和后劲。

古人坚韧的典范有越王勾践，他为了复国，到吴国去做人质，曾卧薪尝胆，给吴王夫差当马夫。蒲松龄听闻这个故事后撰自勉联：有志者，事竟成，破釜沉舟，百二秦关终属楚；苦心人，天不负，卧薪尝胆，三千越甲可吞吴。

城市轨道交通接触网工，是处于企业一线的岗位。他们每天深夜 12 时左右进入隧道，进行接触网的维护，并有日检、周检、月检、年检等，无论春夏秋冬、严寒酷暑，顾不上汗流浃背、蚊虫叮咬，都要背着各种工具，每天深夜行走在昏暗的隧道里，进行各种数据的采集。这样的工作环境很容易让人疲劳，所以从业者必须具备坚韧不拔的耐力和清醒的头脑，时刻将城市轨道交通的安全运营放在第一位。

【学而思】

1. 请你搜集几个历史上与坚韧不拔相关的经典故事并分享一下。

2. 结合本项目的学习，谈谈今后在工作中如何做到坚韧不拔。

项目四
隔离开关检修

隔离开关是电力系统中重要的开关电器,在电力系统中使用量大、应用范围广,想让其发挥作用需要与断路器配套使用。隔离开关的主要功能是隔离电压,以保证电气设备及其装置在检修工作过程中的安全。电力系统中的隔离开关,可将需要停电的部分与带电部分可靠隔离,从而有效地保证电气设备及其装置相关检修人员的人身安全。但是在长期的使用过程中,隔离开关在各种自然、人为或者内部结构等方面的不稳定因素的影响下,会出现各种各样的故障,影响电力系统及其工作人员的安全。因此,对于隔离开关的使用,必须重视其故障检修和管理环节。本项目主要包含以下任务:

任务一　隔离开关小修
任务二　隔离开关大修

任务一 隔离开关小修

【任务描述】

隔离开关是电力系统中运行数量和型号最多的主要电气设备之一，其质量的优劣、运行维护的好坏将直接影响到电力系统的安全运行与否。因此，保证隔离开关良好的运行状态，进行合理的检修工作，是确保隔离开关安全运行的重要技术措施。主变电所 110kV 隔离开关小修一般每年进行一次，环境污染严重的地区则应适当缩短检修周期。

【学习目标】

目标名称	目标内容
知识目标	能说出隔离开关的工作原理
	能叙述隔离开关小修的方法和步骤
技能目标	能完成隔离开关小修项目
	能与他人合作，进行有效沟通，能按 6S 管理规定进行作业
素质目标	培养安全作业的意识
	培养爱岗敬业、严谨细致的工作作风

【知识准备】

一、隔离开关基础知识

隔离开关（见图 4-1-1）是一种主要用于隔离电源、倒闸操作、连通/切断小电流电路的开关电器。隔离开关在分位置时，触点间有符合规定要求的绝缘距离和明显的断开标志；在合位置时，能承载正常条件下的电流及在规定时间内异常条件（例如短路）下的电流。

隔离开关的主要特点是无灭弧能力，只能在没有负荷电流的情况下分、合电路。它本身的工作原理及结构比较简单，但由于使用量大，工作可靠性要求高，对变电所、电厂的设计、建立和安全运行的影响较大。

1. 隔离开关的功能

在高压电路中，隔离开关的功能主要有：

1）分闸后，建立可靠的绝缘间隙，将需要检修的设备或线路与电源用一个明显断开点隔开，以保证检修人员和设备的安全。

2）根据运行需要，换接线路。

3）可用来分、合线路中的小电流（如套管、母线、插头、短电缆的充电电流）、均压电容的电容电流、双母线换接时的环流以及电压互感器的励磁电流等。

4）根据不同结构类型的隔离开关的具体情况，可用来分、合一定容量变压器的空载励磁电流。

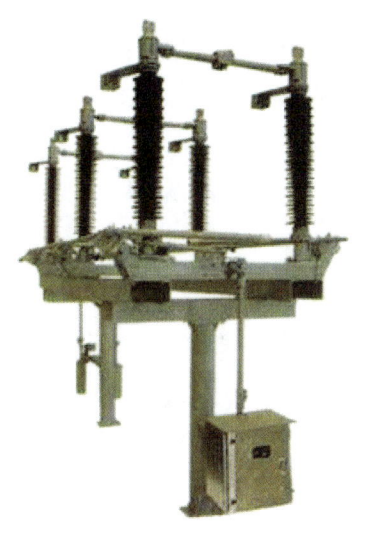

图 4-1-1 隔离开关

2. 隔离开关的分类

1）隔离开关按装设地点的不同，可分为户内式和户外式两种。

2）隔离开关按绝缘支柱的数目，可分为柱式、双柱式和三柱式三种。

3）隔离开关按动触点的运动方式，可分为水平旋转式、垂直旋转式、摆动式和插入式等。

4）隔离开关按有无接地闸刀，可分为无接地闸刀、一侧有接地闸刀和两侧有接地闸刀三种。

5）隔离开关按操动机构的不同，可分为手动式、电动式、气动式和液压式等。

6）隔离开关按极数可分为单极、双极和三极三种。

7）隔离开关按安装方式可分为平装式和套管式等。

3. 隔离开关的组成

隔离开关型号较多，但其基本结构主要由导电部分、绝缘部分、操动机构、传动机构和支持底座五部分组成。

1）导电部分：包括触点、闸刀和接线端子，主要起传导电路中的电流，关合和分断电路的作用。

2）绝缘部分：包括支持绝缘子和操作绝缘子，用于实现带电部分和接地部分的绝缘。

3）操动机构：通过手动、电动、气动和液压方式向隔离开关的动作提供能源。

4）传动机构：由拐臂、连杆、轴齿或操作绝缘子组成。接收操动机构的力矩，将运动传动给触点，以完成隔离开关的分、合闸动作。

5）支持底座：将导电部分、绝缘部分、操动机构和传动机构等结合为一体，并使其固定在基础上。

二、隔离开关小修项目和作业流程

1. 小修项目

隔离开关小修一般每年进行一次（见图 4-1-2），环境污染严重的地区则应适当缩短检修周期，隔离开关小修项目有：

1）绝缘子的清洁检查。

2）操动机构和传动系统的清洁。

3）导电部分的清洁、检查和修理。

4）接线端子及接地端的检查。

5）分、合闸操作试验。

图 4-1-2　隔离开关小修

2. 作业流程

1）将隔离开关倒至分闸位置，测量分闸角度、分闸止钉间隙及触点情况。

2）将隔离开关倒至合闸位置，检查合闸时各部件是否呈直线（两闸刀中心线是否吻合、水平）、合闸止钉间隙及触点接触情况，有无旁击现象。

3）测量带接地闸刀的隔离开关在合、分闸过程中带电部分与接地部分的瞬时间隙，检查接地闸刀是否密贴。

4）检查操动机构转动是否灵活，并为转动部分加注润滑油。检查带接地闸刀的隔离开关的操动机构联动、闭锁是否正确、可靠。

5）清扫支持绝缘子，检查瓷结构有无破损，测量支持绝缘子的绝缘电阻是否符合规定。

6）检查隔离开关引线及电连接有无散股、断股，测量隔离开关引线与接地体之间的距离和引线与被跨悬挂间的距离。

7）紧固各部螺栓及转动关节，铁件除锈涂漆。

【收集信息】

一、我们的学习任务是什么？

二、为顺利完成本学习任务，请按要求完成信息的收集。

1. 简述隔离开关的工作原理：

_____

_____

_____

2. 请根据图 4-1-3 将对应名称与数字连线。

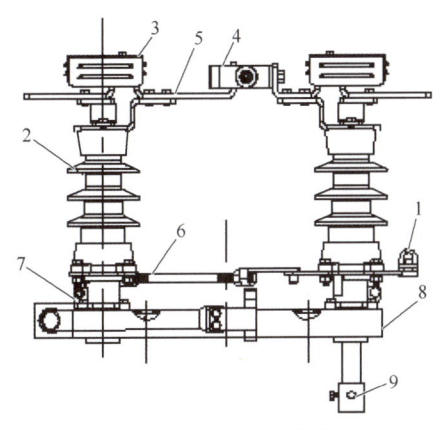

图 4-1-3　隔离开关结构图

中间触点	1
连杆	2
底架	3
绝缘瓷件	4
接线端子	5
回转板	6
出线座	7
导电板	8
轴承座	9

3. 查阅维修手册，对隔离开关转动部分做检查处理时，各销子加_____，使其_____、无卡阻。

4. 隔离开关小修项目为：

_____

_____

_____

5. 隔离开关小修作业流程为：

_____

_____

_____

【制订计划】

请根据隔离开关小修的任务要求，确定所需的维护仪器、工具，并对小组成员进行合理分工，制订详细的检查和维护计划。

1. 请在表 4-1-1 中选择可能用到的工器具（在对应的选项中打"√"即可）。

表 4-1-1　隔离开关小修的工器具选用表

工器具名称	选择	
万用表	□可能	□不可能
绝缘电阻表（2500V）	□可能	□不可能
检修电源盘	□可能	□不可能
管子钳	□可能	□不可能
套筒扳手	□可能	□不可能
梅花扳手	□可能	□不可能
锤子	□可能	□不可能
锉刀	□可能	□不可能
电钻	□可能	□不可能
梯子	□可能	□不可能
绳索	□可能	□不可能
其他（请填写具体名称）		

2. 在表 4-1-2 中记录小组成员分工。

表 4-1-2　隔离开关小修小组成员分工表

序号	组长	记录员	操作员	备注

3. 隔离开关小修计划。

1）准备工作安排：_____

2）备品备件准备：_____

3）危险点分析：_____

4）安全措施：_____

5）作业程序及标准：_____

_____

_____

【任务实施】

1. 在表 4-1-3 中记录作业基本信息。

表 4-1-3　隔离开关小修作业基本信息

作业班组		作业开始时间		作业结束时间	
作业任务					
作业负责人		作业人员			
作业地点					
天气		气温/℃		环境相对湿度（%）	

2. 按表 4-1-4 完成作业前准备。

表 4-1-4　隔离开关小修作业前准备

出发前准备	人员	人员资质、职业禁忌、身体状况、精神状态满足作业要求	确认（　）
	仪器工具	个人常用工具、管子钳、套筒扳手、梅花扳手、锤子、锉刀（圆锉）、锉刀（平锉）、检修电源盘、万用表、绝缘电阻表、电钻、梯子、绳索	确认（　）
	技术资料	前次试验报告、现场记录和标准化作业卡	确认（　）
	作业票	办理作业票	确认（　）
	防护用品	安全帽、安全带、工作服	确认（　）
	物资材料	触指弹簧、触指、螺钉、平垫、弹垫、开口销（Φ1）、开口销（Φ2）、开口销（Φ3）、弹簧、棉纱布、砂布、无水乙醇、汽油、锯条、漆刷、油漆、防锈漆、松动剂、中性凡士林、洗手液	确认（　）
	车辆	已开展车辆安全检查，并已确定最佳行驶路线	确认（　）
进场前准备		1）安排作业班成员在指定地点耐心等候 2）办理作业许可手续，确保现场安全措施符合作业要求 3）再次核查人数相符和个人防护用品正确佩戴 4）作业负责人在首位，作业班按指定路线列纵队进场	确认（　）
作业和安全技术交底		作业负责人向作业班成员交代作业任务、作业范围、安全措施、分工安排	确认（　）
	应急事项	遇紧急情况，作业人员应根据现场情况按照以下的紧急处理程序进行处理： 1）发生人员坠落、人员触电、人员中暑等严重威胁生命的情况时，立即向当值调度员和本部门领导、安全监督人员报告并将遇险人员转移到安全地点进行急救，同时拨打 120 电话联系医院派救护车前来救援 2）发生碰伤、扭伤等较轻微且不危及生命的伤病时，先暂停作业进行紧急处理，再视伤病严重程度考虑是否送医院治疗 3）发生误碰设备跳闸事故时，应立即停止作业，并通知许可人	确认（　）

（续）

风险评估	风险	控制措施	
	走错间隔，触电伤亡	作业负责人带领进入作业现场；核对设备名称和编号	确认（ ）
	接取试验电源，触电伤亡	检查漏电保护开关正常，禁止用导线在插座上取电源	确认（ ）
	高空坠落	穿防滑鞋、系安全带	确认（ ）
	序号　现场评估后补充风险	临时应对措施	确认（ ）

3. 完成作业过程。

1）在表 4-1-5 中抄录设备信息。

表 4-1-5　隔离开关小修设备信息抄录表

设备名称		出厂日期	
额定电压		设备型号	
出厂编号		设备厂家	

2）按表 4-1-6 登记作业内容。

表 4-1-6　隔离开关小修作业内容登记表

项目	风险	控制措施	
			确认（ ）
仪器/仪表	名称	型号	厂家	有效日期
作业标准				
作业记录				确认（ ）
试验日期		环境温度/℃		环境相对湿度（%）	

3）按表 4-1-7 完成作业终结记录。

表 4-1-7 隔离开关小修作业终结记录表

序号	项目	内容	作业记录
1	恢复现场	作业中临时做的措施已全部恢复（如临时接地线等）	确认（　）
2	清理现场	清理、撤离现场前，将仪器、工具、材料等搬离现场	确认（　）
3	作业终结	1）作业负责人在首位，按指定路线列纵队退场 2）安排作业班成员到指定地点耐心等候 3）结束作业，办理作业终结手续	确认（　）
4	作业后记录	作业完成后，完成相关电子、纸质记录	确认（　）
5	发现问题及处理结果	问题描述	确认（　）
		处理结果	
		存在的问题已告知作业班班长或安全区代表	
6	风险变化情况	补充了新增风险，并已告知作业班班长或安全区代表	确认（　）
7	作业结论	合格（　）　不合格（　）	确认（　）

【检查与控制】

观察员根据操作员的工作过程完成考核评分，具体考核评分细则见表 4-1-8。

表 4-1-8 隔离开关小修考核评分表

操作时间：60min

序号	考核项目	考核内容及要求（评分要点）	配分	评分标准	扣分
1	开工	办理作业票	20	作业票负责人按局、工区有关规定办理好作业票，完成三级交底作业，未办理扣 5 分	
		作业负责人对本班作业人员进行分工，并检查劳保用品		分工明确，所有作业人员正确使用劳保用品，分工错误或劳保用品使用错误，扣 5 分	
		作业负责人向所有作业人员交代作业任务、安全措施和安全注意事项		全体作业人员应明确作业范围、进度要求等内容，未交代或不明确作业任务、作业内容等，扣 5 分	
		到位人员签名		在到位人员签字栏上签名，未签名各扣 2 分	

(续)

序号	考核项目	考核内容及要求（评分要点）	配分	评分标准	扣分
2	检修电源的使用	检修电源的接取位置	20	从检修电源箱接取，且在作业现场电源引入处配置有明显断开点的闸刀和触电保护器，接取错误扣5分	
		检修电源的配置		电源必须是三相四线制并有漏电保护开关，配置错误扣5分	
		接取电源时的注意事项		必须由检修专业人员接取，接取时严禁单人操作。接取电源前应先验电，用万用表确认电源电压等级和电源类型无误后，从检修电源箱内出线闸刀的下桩头引出，操作错误扣5分	
		检修电源线要求		检修电源线截面积应为 $2.5mm^2$ 及以上，选型错误扣5分	
3	检修内容	检查引线、线夹	50	未检查或检查错误，每一项扣5分	
		检查各部螺钉的紧固情况			
		检查绝缘子			
		检查动、静触点			
		检查转动部分			
		检查导电部分			
		检查操动机构			
		检查闭锁装置			
		检查同期性			
		检查隔离开关根据现场情况，是否刷相序漆			
4	竣工	正确使用各种工具和量具，不得损坏工具和量具	10	工具、量具使用方法不正确，一次扣2分。损坏工具、量具，扣5分	
		文明操作，清理作业现场，将工器具全部收拢并摆放有序，废弃物按相关规定处理，材料及备品备件回收清点		未清理作业现场、乱摆乱放工器具、未回收废弃物、材料及备品备件，每一项扣5分	
		总分	100	得分	

观察员：　　　　　　　操作员：　　　　　　　　　年　　月　　日

【评价反馈】

1. 自我评价（表4-1-9）。

表 4-1-9　隔离开关小修自我评价表

我做得好的地方	我还存在这些方面的问题
□ 动作准确	□ 动作不到位
□ 工具使用规范	□ 工具使用不规范
□ 安装步骤熟悉	□ 安装步骤不熟悉
□ 零件摆放整齐	□ 零件摆放不整齐
□ 操作用时合理	□ 操作用时过长
□ 工作态度端正	□ 工作态度不够端正

2. 小组评价。

我们组做到了：□ 全员参与　□ 分工明确　□ 工作高效　□ 完成了工作任务

3. 教师评价（表 4-1-10）。

表 4-1-10　隔离开关小修教师评价表

序号	评价内容	评价指标	等次（星级评定）
1	活动态度方面	1) 态度是否积极，是否主动组织或参与活动 2) 与小组成员合作是否良好 3) 活动是否认真、善始善终 4) 是否勇于克服困难	
2	知识技能方面	1) 查阅资料能力 2) 实地观察记录能力 3) 调查研究能力 4) 整理材料能力	

【知识巩固】

一、选择题

1. 隔离开关（　　）灭弧能力。

A. 有　　　　　B. 没有　　　　　C. 有少许　　　　　D. 不一定

2. 不许用（　　）分、合负荷电流和接地故障电流。

A. 变压器　　　B. 断路器　　　　C. 隔离开关　　　　D. 电抗器

3. 隔离开关拉不开时应采取（　　）的处理。

A. 用力拉　　　　　　　　　　　B. 用加力杆拉

C. 两人拉　　　　　　　　　　　D. 不应强拉，应进行检查

4. 隔离开关三相（或两相）同期接触检查时，不同期距离应不超过（　　）。

A. 5mm　　　　B. 10mm　　　　C. 15mm　　　　D. 20mm

5. GW4-110D 隔离开关应用的电压等级为（　　）。

A. 220kV　　　B. 110kV　　　　C. 55kV　　　　D. 27.5kV

二、判断题

1. 新装的隔离开关在投运前应做交流耐压试验，运行中不需要再做检测或试验。

（　　）

2. 电压互感器隔离开关检修时,应取下二次侧熔丝,防止反充电造成高压触电。
(　　)

3. 隔离开关没有灭弧装置,仅能用来分、合只有电压没有负荷电流的电路。
(　　)

三、简答题

1. 隔离开关的主要用途有哪些?

2. 隔离开关的基本结构主要由哪几部分组成?

任务二　隔离开关大修

【任务描述】

隔离开关是电力系统中重要的开关电器，其主要功能是隔离电压，以保证电气设备及其装置在检修工作过程中的安全。但是在长期的使用过程中，隔离开关在各种自然、人为或者内部结构等方面的不稳定因素的影响下，会出现各种各样的故障，影响电力系统及其工作人员的安全。因此，对于隔离开关的使用，必须重视故障检修和管理环节。主变电所 110kV 隔离开关每 3~5 年或操作达 1000 次以上时应进行一次大修。

【学习目标】

目标名称	目标内容
知识目标	能说出隔离开关的工作原理
	能叙述隔离开关大修的方法和步骤
技能目标	能完成隔离开关的大修
	能与他人合作，进行有效沟通，能按 6S 管理规定进行作业
素质目标	培养安全作业的意识
	培养爱岗敬业、严谨细致的工作作风

【知识准备】

1. 大修项目

隔离开关每 3~5 年或操作达 1000 次以上时应进行一次大修（见图 4-2-1），隔离开关大修项目有：

1）支柱绝缘子及底座的检修。

2）导电回路的检修。

3）操动机构和传动系统的检修。

4）除锈刷漆。

5）机械调整与电气试验。

2. 作业流程

1）检查支持绝缘子及底座，清扫支持绝缘子，检查瓷结构有无破损，测量支持绝缘子的绝缘电阻是否符合规定。

2）检查触指弹簧是否完好，有无变形和发热，有变形或发热则需要更换。

3）检查导电杆铝基座，铝基座应完好，无裂纹和电化腐蚀。导电杆可用砂纸清除氧化层并涂凡士林。

4）检查基座转动轴，将轴杆从轴座中拔出，检查轴套是否完好。用汽油清洗轴套与轴杆，并在轴套上涂润滑油。

5）调整闸刀，即调整小拉杆使刀头左右对正。合闸位置触点间隙为 3~8mm。打开小拉杆开口销，调整主拉杆，使三相同期不大于 5mm。在分闸位置调整分闸定位止钉，其间隙应为 1~3mm。在合闸位置调整合闸定位止钉，其间隙应为 1~3mm。用操动机构驱动闸刀，应无卡涩，转动应灵活，分、合闸位置应正确。

6）回路电阻测试。即进行三相回路电阻测试，并记录。

7）紧固各部螺栓及转动关节，铁件除锈涂漆。

图 4-2-1　隔离开关大修

【收集信息】

一、我们的学习任务是什么？

二、为顺利完成本学习任务，请按要求完成信息的收集。

1. 隔离开关大修项目为：

2. 隔离开关大修作业流程为：

【制订计划】

请根据隔离开关大修的任务要求，确定所需的维护仪器、工具，并对小组成员进行合理分工，制订详细的检查和维护计划。

1. 小组成员分工：_____
_____
_____

2. 备品备件准备：_____
_____
_____

3. 危险点分析：_____
_____
_____

4. 安全措施：_____
_____
_____

5. 作业程序及标准：_____
_____
_____

【任务实施】

1. 按表 4-2-1 完成作业前准备。

表 4-2-1　隔离开关大修作业前准备

出发前准备	人员	人员资质、职业禁忌、身体状况、精神状态满足作业要求	确认（　）
	仪器工具	个人常用工具、绝缘体、管钳、呆扳手、梅花扳手、活扳手、铁锤、铜棒、钳子、加柄螺钉旋具、套筒扳手、锉刀、钢锯弓、钢丝刷、回路电阻仪、三爪、清洗盆、毛刷	确认（　）
	技术资料	前次试验报告、现场记录和标准化作业卡	确认（　）
	作业票	办理作业票	确认（　）
	防护用品	安全帽、安全带、工作服	确认（　）
	物资材料	触指、触指弹簧、铝基座、调节垫、轮动接线座、轴承座、白布、棉纱、汽油、螺钉、凡士林、相序漆、银粉漆、塑料布、润滑脂、纱布、开口销、丙酮、各种螺栓、弹垫、平垫、细绳、麻绳	确认（　）
	车辆	已开展车辆安全检查，并已确定最佳行驶路线	确认（　）

（续）

进场前准备	1）安排作业班成员在指定地点耐心等候 2）办理作业许可手续，确保现场安全措施符合作业要求 3）再次核查人数相符和个人防护用品正确佩戴 4）作业负责人在首位，作业班按指定路线列纵队进场		确认（ ）
作业和安全技术交底		作业负责人向作业班成员交代作业任务、作业范围、安全措施、分工安排	确认（ ）
	应急事项	遇紧急情况，作业人员应根据现场情况按照以下的紧急处理程序进行处理： 1）发生人员坠落、人员触电、人员中暑等严重威胁生命的情况时，立即向当值调度员和本部门领导、安全监督人员报告并将遇险人员转移到安全地点进行急救，同时拨打120电话联系医院派救护车前来救援 2）发生碰伤、扭伤等较轻微且不危及生命的伤病时，先暂停工作进行紧急处理，再视伤病严重程度考虑是否送医院治疗 3）发生误碰设备跳闸事故时，应立即停止作业，并通知许可人	确认（ ）
风险评估	风险	控制措施	
	走错间隔，触电伤亡	作业负责人带领进入作业现场；核对设备名称和编号	确认（ ）
	接取试验电源，触电伤亡	检查漏电保护开关正常，禁止用导线在插座上取电源	确认（ ）
	高空坠落	穿防滑鞋、系安全带	确认（ ）
	序号　现场评估后补充风险	临时应对措施	确认（ ）

2. 完成作业过程。

1）按表4-2-2登记作业内容。

表4-2-2　隔离开关大修作业内容登记表

项目	风险		控制措施	
				确认（ ）
仪器/仪表	名称	型号	厂家	有效日期
作业标准				
作业记录				确认（ ）
试验日期		环境温度/℃	环境相对湿度（%）	

2）按表 4-2-3 完成作业终结记录。

表 4-2-3　隔离开关大修作业终结记录表

序号	项目	内容	作业记录
1	恢复现场	作业中临时做的措施已全部恢复（如临时接地线等）	确认（　）
2	清理现场	清理、撤离现场前，将仪器、工具、材料等搬离现场	确认（　）
3	作业终结	1）作业负责人在首位，按指定路线列纵队退场 2）安排作业班成员到指定地点耐心等候 3）结束作业，办理作业终结手续	确认（　）
4	作业后记录	作业完成后，完成相关电子、纸质记录	确认（　）
5	发现问题及处理结果	问题描述	确认（　）
		处理结果	
		存在的问题已告知作业班班长或安全区代表	
6	风险变化情况	补充了新增风险，并已告知作业班班长或安全区代表	确认（　）
7	作业结论	合格（　）　　不合格（　）	确认（　）

【检查与控制】

观察员根据操作员的工作过程完成考核评分，具体考核评分细则见表 4-2-4。

表 4-2-4　隔离开关大修考核评分表

操作时间：60min

序号	考核项目	考核内容及要求（评分要点）	配分	评分标准	扣分
1	开工	办理作业票	20	作业票负责人按局、工区有关规定办理好作业票，完成三级交底作业，未办理扣 5 分	
		作业负责人对本班作业人员进行分工，并检查劳保用品		分工明确，所有作业人员正确使用劳保用品，分工错误或劳保用品使用错误，扣 5 分	
		作业负责人向所有作业人员交代作业任务、安全措施和安全注意事项		全体作业人员应明确作业范围、进度要求等内容，未交代或不明确作业任务、作业内容等，扣 5 分	
		到位人员签名		在到位人员签字栏上签名，未签名各扣 2 分	

（续）

序号	考核项目	考核内容及要求（评分要点）	配分	评分标准	扣分
2	检修电源的使用	检修电源的接取位置	20	从检修电源箱接取，且在作业现场电源引入处配置有明显断开点的闸刀和触电保护器，接取错误扣5分	
		检修电源的配置		电源必须是三相四线制并有漏电保护开关，配置错误扣5分	
		接取电源时的注意事项		必须由检修专业人员接取，接取时严禁单人操作 接取电源前应先验电，用万用表确认电源电压等级和电源类型无误后，从检修电源箱内出线闸刀的下桩头引出，操作错误扣5分	
		检修电源线要求		检修电源线截面积应为 2.5mm² 及以上，选型错误扣5分	
3	检修内容	检查支持绝缘子及底座 检查触指弹簧 检查导电杆铝基座 检查基座转动轴 调整闸刀 回路电阻测试 检查紧固螺栓及转动关节，铁件除锈涂漆	50	未检查或检查错误，每一项扣5分 未调整闸刀或调整错误，扣10分 未测试回路电阻或测试错误，扣10分 未紧固螺栓或除锈涂漆，扣10分	
4	竣工	正确使用各种工具和量具，不得损坏工具和量具 文明操作，清理作业现场，将工器具全部收拢并摆放有序，废弃物按相关规定处理，材料及备品备件回收清点	10	工具、量具使用方法不正确，一次扣2分 损坏工具、量具，扣5分 未清理作业现场、乱摆乱放工器具、未回收废弃物、材料及备品备件，每一项扣5分	
		总分	100	得分	

观察员： 操作员： 年 月 日

【评价反馈】

1. 自我评价（表4-2-5）。

表 4-2-5 隔离开关大修自我评价表

我做得好的地方	我还存在这些方面的问题
□ 动作准确	□ 动作不到位
□ 工具使用规范	□ 工具使用不规范
□ 安装步骤熟悉	□ 安装步骤不熟悉

(续)

我做得好的地方	我还存在这些方面的问题
□ 零件摆放整齐	□ 零件摆放不整齐
□ 操作用时合理	□ 操作用时过长
□ 工作态度端正	□ 工作态度不够端正

2. 小组评价。

我们组做到了：□ 全员参与　□ 分工明确　□ 工作高效　□ 完成了工作任务

3. 教师评价（表 4-2-6）。

表 4-2-6　隔离开关大修教师评价表

序号	评价内容	评价指标	等次（星级评定）
1	活动态度方面	1）态度是否积极，是否主动组织或参与活动 2）与小组成员合作是否良好 3）活动是否认真、善始善终 4）是否勇于克服困难	
2	知识技能方面	1）查阅资料能力 2）实地观察记录能力 3）调查研究能力 4）整理材料能力	

【知识巩固】

一、选择题

1. 隔离开关应有（　　）装置。

　A. 防误闭锁　　　B. 联锁　　　C. 机械锁　　　D. 万能锁

2. 隔离开关与断路器串联时，隔离开关应遵循的操作原则是（　　）。

　A. 先合后分　　　B. 先合先分　　　C. 先分后分　　　D. 先分后合

3. 发生误操作隔离开关时，应采取（　　）的处理。

　A. 立即拉开

　B. 立即合上

　C. 误合时不许再拉开，误拉时在弧光未断开前合上

　D. 停止操作

4. 倒闸操作时，如果隔离开关没合到位，允许用（　　）进行调整，但要加强监护。

　A. 绝缘手套　　　B. 验电器　　　C. 干燥木棒　　　D. 绝缘杆

5. 用绝缘杆操作隔离开关时要（　　）。

　A. 用力均匀果断　　B. 用力过猛　　C. 慢慢拉　　D. 用大力气拉

二、判断题

1. 隔离开关没有专门的灭弧装置，不具备灭弧能力。　　　　　　　　（　　）

2. 隔离开关可以分合负荷电流和接地故障电流。（   ）

3. 发现隔离开关过热时，应采用倒闸的方法，将故障的隔离开关退出运行，如不能倒闸则应停电处理。（   ）

三、简答题

1. 简述停送电时倒闸操作的顺序。

2. 电气五防的内容是什么？

延伸阅读

热忱，是指热心的、热衷的、热诚的或富于同情心的性质或状态。人生于世，无法干很多事，故要干一行爱一行。

关于放射性的发现，居里夫人并不是第一人，但她是关键的一人。1896年1月，德国科学家伦琴发现了X射线，这是人工放射性；1896年5月，法国科学家贝克勒尔发现铀盐可以使胶片感光，这是天然放射性。虽然这都是偶然的发现，但居里夫人却立即提出了新的问题：其他物质有没有放射性？物质世界里是不是还有另一块全新的领域？两年后，居里夫人发现了钋，接着发现了镭，冰山露出了一角。为了提炼纯净的镭，居里夫妇搞到一吨可能含镭的工业矿渣。他们在院子里支起了一口锅，一锅一锅地进行冶炼，然后再送到化验室溶解、沉淀、分析。而所谓的化验室其实只是一个废弃的破棚子。居里夫人终日在烟熏火燎中搅拌着锅里的矿渣，她衣裙上、双手上，留下了酸碱的点点烧痕。一天，疲劳至极的居里夫人揉着酸痛的后腰，隔着满桌的试管、量杯问她的丈夫皮埃尔："你说这镭会是什么样子？"皮埃尔说："我只是希望它有美丽的颜色。"经过3年9个月时间，他们终于从成吨的矿渣中提炼出了0.1克镭。它真的有极美丽的颜色，在幽暗的破棚子里发出略带蓝色的荧光。毫不夸张地说，破棚子里这点美丽的淡蓝色荧光，是用居里夫人的生命和热忱换来的。

作为城市轨道交通供电专业的工作人员，是处于企业一线的岗位，日夜班颠倒，每天在地下配电间里操作、维护各种设备。这样重复、高强度的工作，很容易使人不胜其烦，失去热忱，所以必须对自己高标准、严要求，保持热忱，不忘初心，热爱自己的专业和工作，保障城市轨道交通电力的可靠供应。

【学而思】

1. 请你搜集几个历史上与热忱有关的经典故事分享一下。

2. 结合本项目的学习，谈谈今后在工作中如何保持热忱？

项目五
互感器的试验

互感器按功能和结构主体分为两种：电压互感器和电流互感器。

电压互感器（Potential Transformer，PT）和变压器类似，是用来变换电压的仪器。但变压器变换电压的目的是方便输送电能，因此容量很大，一般都是以千伏安或兆伏安为计量单位，而电压互感器变换电压的目的，主要是用来给测量仪表和继电保护装置提供电压信号，以便测量线路的电压、功率和电能，或者用来在线路发生故障时保护线路中的贵重设备、电机和变压器。因此，电压互感器的容量很小，一般只有几伏安、几十伏安，最大也不超过一千伏安。在实际运行中，电压互感器的二次侧不允许短路。

电流互感器（Current Transformer，CT）是依据电磁感应原理将一次侧大电流转换成二次侧小电流来测量的仪器。电流互感器由闭合的铁心和绕组组成，它的一次绕组匝数很少，串联在需要测量电流的线路中。因此，一次侧经常有线路的全部电流流过，二次绕组匝数比较多，串联在测量仪表和保护回路中，电流互感器在工作时，它的二次回路始终是闭合的，因此测量仪表和保护回路串联的二次绕组阻抗很小，电流互感器的工作状态接近短路。在实际运行中，电流互感器的二次侧不允许断路。本项目主要包含以下任务：

任务一　电压互感器绝缘油检查及试验
任务二　电压互感器试验
任务三　电流互感器高压试验
任务四　电流互感器膨胀器异常处理

任务一　电压互感器绝缘油检查及试验

【任务描述】

作业中的绝缘油或备用中的绝缘油，应按下列期限进行检查及试验：电压 35kV 以下的绝缘油，每 3 年至少进行一次检查及试验；电压互感器大修后，也应对绝缘油进行检查及试验。

【学习目标】

目标名称	目标内容
知识目标	能口述电压互感器绝缘油的检查项目和标准
	能口述电压互感器绝缘油的检查方法和步骤
技能目标	能完成电压互感器绝缘油的周期性检查及试验
	能合理利用与掌握相关仪表、仪器和工具
素质目标	能与他人合作，进行有效沟通，能按 6S 管理规定进行作业
	培养爱岗敬业、严谨细致的工作作风

【知识准备】

一、互感器绝缘油

互感器绝缘油是石油的一种分馏产物，它的主要成分是烷烃、环烷族饱和烃、芳香族不饱和烃等化合物，通常为无色或淡黄色透明液体，相对密度为 0.895，凝固点小于 -45℃。

互感器绝缘油具有性质稳定、黏度小、绝缘性好、冷却性好的特点。

1. 互感器绝缘油的功能

（1）绝缘作用　互感器绝缘油具有比空气高得多的绝缘强度。绝缘材料浸在油中，不仅可提高绝缘强度，而且还可免受潮气的侵蚀。

（2）散热作用　互感器绝缘油的比热容大，常用作冷却剂。互感器运行时产生的热量使靠近铁心和绕组的互感器绝缘油受热膨胀上升，通过互感器绝缘油的上下对流，热量经散热器散出，保证了互感器的正常运行。

（3）灭弧作用　在油断路器和电压互感器的有载调压开关上，触点切换时会产生电弧。由于绝缘油导热性能好，且在电弧的高温作用下能分解成大量气体，产生较大压力，从而提高了介质的灭弧性能，使电弧很快熄灭。

2. 互感器绝缘油的性能要求

对互感器绝缘油的性能通常有以下要求：

1）互感器绝缘油密度应尽量小，以便于油中的水分和杂质沉淀。

2）黏度要适中，太大会影响对流散热，太小又会降低闪点。

3）闪点应尽量高，一般不应低于136℃。

4）凝固点应尽量低。

5）酸、碱、硫、灰分等杂质含量越低越好，以尽量避免它们对绝缘材料、导线、油箱等的腐蚀。

6）氧化程度不能太高。氧化程度通常用酸值表示，它指吸收1克油中的游离酸所需的氢氧化钾量（毫克）。

7）氧化安定性不应太低，氧化安定性通常用酸值试验的沉淀物表示，它代表互感器绝缘油抗老化的能力。

3. 互感器绝缘油的检查项目

凝固点、含水量、界面张力、酸值、水溶性酸碱度、击穿电压、闪点、体积电阻率、介质损耗因数、色谱分析、互感器绝缘油中的糠醛含量分析等。

二、电压互感器绝缘油的试验项目

（1）外观　检查电压互感器绝缘油的外观，可以发现电压互感器绝缘油中不溶性油泥、纤维和污物存在。在常规试验中，应有此项目的记载。

（2）颜色　电压互感器绝缘油一般是无色或淡黄色，运行中颜色会逐渐加深，但正常情况下这种变化趋势比较缓慢。若电压互感器绝缘油颜色急剧加深，则应调查设备是否有过负荷现象或过热现象出现。如其他有关特性试验项目均符合要求，虽可以继续运行，但应加强监视。

（3）水分　水分是影响电气设备绝缘老化的重要原因之一。电压互感器绝缘油和绝缘材料中含水量的增加，可直接导致绝缘性能下降并会促使电压互感器绝缘油老化，影响设备运行的可靠性和使用寿命。

（4）酸值　电压互感器绝缘油中所含的酸性产物会使电压互感器绝缘油的导电性增高，降低其绝缘性能，在运行温度较高时（如80℃以上）还会促使固体纤维制绝缘材料老化和腐蚀，缩短电压互感器的使用寿命。此外，电压互感器绝缘油的酸值还可反映出油质的老化情况。

（5）氧化安定性　电压互感器绝缘油的氧化安定性试验是评价其使用寿命的一种重要手段。由于国产电压互感器绝缘油氧化安定性较好，且又添加了抗氧化剂，所以通常只对新油进行此项目试验，但对于进口电压互感器绝缘油，特别是不含抗氧化剂的电压互感器绝缘油，除对新油进行试验外，在运行若干年后也应进行此项试验。

（6）击穿电压　电压互感器绝缘油的击穿电压试验是检验电压互感器绝缘油耐受极限电应力情况的，也是一项非常重要的监督手段，通常情况下，它主要取决于电压互感器绝缘油被污染的程度，但当电压互感器绝缘油中水分较高或含有杂质颗粒时，对击穿电压影响也会较大。

（7）介质损耗因数　介质损耗因数对电压互感器绝缘油的老化与污染程度很敏感，新油中所含极性杂质少，所以介质损耗因数也很小，仅有 0.01%～0.1% 数量级，由于氧化或过热而引起油质老化，或混入其他杂质时，所生成的极性杂质和带电胶体物质逐渐增多，介质损耗因数也会随之增加，在电压互感器绝缘油的老化产物很少，用化学方法尚不能察觉时，介质损耗因数就已能明显地体现出来。因此，介质损耗因数试验是电压互感器绝缘油检验监督的常用手段，具有特殊的意义。

（8）界面张力　油水之间界面张力的测定是检查电压互感器绝缘油中含有因老化而产生的可溶性极性杂质的一种间接有效的方法。电压互感器绝缘油在老化初期阶段，界面张力的变化是相当迅速的，到老化中期，其变化速度会降低，而油泥的生成量则明显增加。因此，此方法也可对生成油泥的趋势做出可靠的判断。

（9）油泥　油泥是电压互感器绝缘油尚处于液体或胶体状态下加入正庚烷时，可以从中析出的泥状沉积物。由于油泥在新油和老化油中的溶解度不同，当老化油中渗入新油时，油泥便会析出，油泥的析出与沉积将会影响设备的散热性能，同时还会对固体绝缘材料和金属造成严重的腐蚀，导致绝缘性能下降，危害性较大。因此，以大于 5% 的比例混油时，必须进行油泥试验。

（10）闪点　闪点试验是对电压互感器绝缘油的监督必不可少的项目。闪点降低表示电压互感器绝缘油中有挥发性可燃气体产生，这些可燃气体往往是由于电气设备局部过热、电弧放电造成电压互感器绝缘油在高温下热裂解而产生的。通过闪点试验可以及时发现电气设备的故障。同时，对新充入电气设备及检修处理后的电压互感器绝缘油来说，闪点试验也可预防或发现混入了轻质馏分的电压互感器绝缘油，从而保障设备的安全运行。

（11）电压互感器绝缘油中可燃气体组分含量　电压互感器绝缘油中的可燃气体一般是由于电气设备的局部过热或电弧放电而产生的。产生可燃气体的原因如不及时查明和消除，对电气设备的安全运行是十分危险的。因此，采用气相色谱法测定电压互感器绝缘油中可燃气体组分含量，对于消除互感器的潜伏性故障是十分有效的。

（12）水溶性酸碱度　电压互感器绝缘油在氧化初级阶段一般易生成低分子有机酸，如甲酸、乙酸等，因为这些酸的水溶性较好，当电压互感器绝缘油中水溶性酸含量增加（即 pH 值降低），而电压互感器绝缘油中又含有水时，会使固体绝缘材料和金属产生腐蚀，并降低电气设备的绝缘性能，缩短设备的使用寿命。

（13）凝固点　根据我国的气候条件，电压互感器绝缘油是按低温性能划分牌号的。如 10、25 和 45 三种牌号即指凝固点分别为 $-10℃$、$-25℃$ 和 $-45℃$。所以对新油的验收以及不同牌号电压互感器绝缘油的混用，凝固点试验是必要的。

（14）体积电阻率　电压互感器绝缘油的体积电阻率同介质损耗因数一样，可以判断电压互感器绝缘油的老化程度与污染程度。电压互感器绝缘油中的水分、杂质和酸性产物均可影响电阻率的数值。

【收集信息】

一、我们的学习任务是什么？

二、为顺利完成本学习任务，请按要求完成信息的收集。

1. 根据本任务的知识储备，掌握电压互感器绝缘油检查及试验标准，见表5-1-1。

表 5-1-1　电压互感器绝缘油检查及试验标准表

序号	项目	设备电压等级/kV	质量指标		检验方法
			投入运行前的电压互感器绝缘油	运行中的电压互感器绝缘油	
1	外观		透明、无杂质或悬浮物		外观目视
2	水溶性酸碱度（pH值）		>5.4	≥4.2	GB/T 7598
3	酸值（mgKOH/g）		≤0.03	≤0.1	GB/T 264
4	闪点（闭口）/℃		≥135		GB/T 261
5	水分/(mg/L)	330~1000 220 ≤110	≤10 ≤15 ≤20	≤15 ≤25 ≤35	GB/T 7600 或 GB/T 7601
6	界面张力（25℃）/(mN/m)		≥35	≥19	GB/T 6541
7	介质损耗因数（90℃）	500~1000 ≤330	≤0.005 ≤0.010	≤0.020 ≤0.040	GB/T 5654
8	击穿电压/kV	750~1000 500 330 66~220 ≤35	≥70 ≥60 ≥50 ≥40 ≥35	≥60 ≥50 ≥45 ≥35 ≥30	DL/T 423
9	体积电阻率（90℃）/(Ω·m)	500~1000 ≤330	≥6×10^{10}	≥1×10^{10} ≥5×10^{9}	GB/T 5654 或 DL/T 421
10	油中含气量体积分数（%）	750~1000 330~500 （电抗器）	<1	≤2 ≤3 ≤5	DL/T 423 或 DL/T 703

（续）

序号	项目	设备电压等级/kV	质量指标		检验方法
			投入运行前的电压互感器绝缘油	运行中的电压互感器绝缘油	
11	油泥与沉淀物质量分数（%）		<0.02（此时可忽略不计）		GB/T 511
12	析气性	≥500	将测得数据与当前电压下的标准值对比，形成分析报告		IEC 60628（A）GB/T 11142
13	带电倾向		将测得数据与当前电压下的标准值对比，形成分析报告		DL/T 1095
14	腐蚀性硫		非腐蚀性		DIN 51353 SH/T 0804 ASTM D1275B
15	油中颗粒度	≥500	将测得数据与当前电压下的标准值对比，形成分析报告		DL/T 432

注：1. 由供需双方协商确定是否采用该方法进行检测；
2. 取样油温为40~60℃；
3. 750~1000kV 设备运行经验不足，本表参考西北电网 750kV 设备运行规程提出此值，供参考，以积累经验；
4. DL/T 423 的方法是采用平板电极；GB/T 507 的方法是采用圆球、球盖形两种形状的电极，三种电极所测的击穿电压值不同其影响情况。其质量指标为平板电极测定值。

2. 请列出电压互感器绝缘油检查及试验顺序：

_____

_____

_____

_____

_____

3. 查阅相关手册，对电压互感器绝缘油的击穿电压和不同电压等级下运行中的电压互感器绝缘油或新的电压互感器绝缘油有什么不同的要求，填入表 5-1-2。

表 5-1-2　运行中的电压互感器绝缘油或新的电压互感器绝缘油击穿电压要求表

运行中的电压互感器绝缘油	新的电压互感器绝缘油
≤15kV	≤15kV
15~35kV	15~35kV
60~220kV	60~220kV

【制订计划】

请根据绝缘油周期性检修的任务要求，确定所需的维护仪器、工具，并对小组成员进行合理分工,制订详细的检查和维护计划。

1. 小组成员分工：_____

_____

2. 备品备件准备：_____

_____

3. 危险点分析：_____

_____

4. 安全措施：_____

_____

5. 作业程序及标准：_____

_____

【任务实施】

1. 按表 5-1-3 完成作业前准备。

表 5-1-3　电压互感器绝缘油检查及试验作业前准备

出发前准备	人员	人员资质、职业禁忌、身体状况、精神状态满足作业要求	确认（　）
	仪器工具		确认（　）
	技术资料	相关技术资料	确认（　）
	防护用品	安全帽、安全带两套、工作服	确认（　）
	物资材料	相关物资、备品备件	确认（　）
	车辆	已开展车辆安全检查，并已确定最佳行驶路线	确认（　）
进场前准备		1）安排作业班成员在指定地点耐心等候 2）办理作业许可手续，确保现场安全措施符合作业要求 3）再次核查人数相符和个人防护用品正确佩戴 4）作业负责人在首位，作业班按指定路线列纵队进场	确认（　）
作业和安全技术交底		负责人向作业班成员交代作业任务、作业范围、安全措施、分工安排	确认（　）
	应急事项	遇紧急情况，作业人员应根据现场情况按照以下的紧急处理程序进行处理： 1）发生人员坠落、人员触电、人员中暑等严重威胁生命的情况时，立即向当值调度员和本部门领导、安全监督人员报告并将遇险人员转移到安全地点进行急救，同时拨打 120 电话联系医院派救护车前来救援 2）发生碰伤、扭伤等较轻微且不危及生命的伤病时，先暂停作业进行紧急处理，再视伤病严重程度考虑是否送医院治疗 3）发生误碰设备跳闸事故时，应立即停止作业，并通知许可人	确认（　）

(续)

项目	风险	控制措施	
风险评估	绝缘击穿，触电伤亡	作业负责人带领进入作业现场；核对设备名称和编号	确认（　）
	接取试验电源，触电伤亡	检查漏电保护开关正常，禁止用导线在插座上取电源	确认（　）
	高空坠落	穿防滑鞋、系安全带	确认（　）
	序号	现场评估后补充风险	临时应对措施	确认（　）

2. 完成作业过程。

按表5-1-4登记作业内容。

表 5-1-4　电压互感器绝缘油检查及试验作业内容登记表

项目	风险		控制措施	
				确认（　）
仪器/仪表	名称	型号	厂家	有效日期
作业标准				
作业记录	（详细填写内容如下）			确认（　）
试验日期		环境温度/℃	环境相对湿度（%）	

请结合本小组制订的计划，对电压互感器绝缘油进行检查，并完成下列作业记录的填写。

（1）油质检测的内容

1）取样。首先保证取样器具必须_____、_____。清洗方法要严格按取样方法标准中有关规定执行。取样前要将储油容器的取样口认真擦洗干净，取样时，应利用初取样之油将器具冲洗一遍。开始取样时，要放掉取样_____，整个取样过程，要防止油样受外界污染，防止_____、_____侵入，油样要_____保存。取样时，要排净取样器具内的残余空气，油样进入取样器具时要防止产生气泡。

油样采集后应及时_____，若不能及时试验，油样要密封避光保存；用于溶解气体分析的油样不得保存超过_____天，用于水分测定的油样不得保存超过_____天。容器内油面要留有一定的_____，使油样受热后有膨胀的余地。在运送过程中，要防止油样_____。

2）外观检查。目测，将油样置于100mL量筒内，在（20±5）℃温度下观察，油样呈_____为合格；纯净的电压互感器绝缘油应是_____，清澈、透明、无可见的悬浮物和机械杂质等任何异物。若电压互感器绝缘油存在弥散状态的水分时，将失去应有的_____，颜色也会由黄变白。电压互感器绝缘油若老化，随着老化的程度不同，颜色会逐渐变深、变暗，逐渐失去透明，以致出现_____。

3）理化性能的检测。

① 酸值与水溶性酸碱度。新的电压互感器绝缘油几乎不含酸性物质，其酸值常为_____；pH值为6~7。运行中的电压互感器绝缘油的酸值要求≤_____；pH值要求≥_____。长期储存和长期运行的电压互感器绝缘油，由于吸收了空气中的氧气并与之化合而产生各种有机酸、酚类以及胶状油泥，这些酸性物质会提高电压互感器绝缘油的_____，降低电压互感器绝缘油的绝缘性能，在高温运行条件下还会促使纤维材料老化，缩短电压互感器的使用寿命。

② 闪点。闪点降低，表示电压互感器绝缘油中有_____，这些低分子碳氢化合物，是局部放电等故障造成过热，令电压互感器绝缘油在高温下裂解生成的。测定闪点，还可发现电压互感器绝缘油中是否混入轻质馏分的油品，电压互感器绝缘油的闪点≥_____℃。但运行中的电压互感器绝缘油的闪点已不作常规检验项目。

③ 水分。电压互感器有一定的亲水性。它会从空气中吸收水分，而电压互感器绝缘油中水分的含量是影响绝缘性能的重要因素。从电压互感器绝缘油中取样时，规定油温为_____℃，对运行中的电压互感器绝缘油，66~110kV电压下的水分≤_____mg/L，而220kV电压下的水分≤_____mg/L。

（2）表5-1-5的内容的填写

表5-1-5　电压互感器绝缘油检查及试验标准表

序号	项目	超标或现象	超标可能原因	可采取的对策
1	外观	1）不透明，有可见杂质 2）油色太深		
2	酸值 （mgKOH/g）	>0.1	1）过负荷运行 2）抗氧化剂消耗	
3	水溶性酸碱度 （pH值）	<4.2		测定抗氧化剂含量并适当补加抗氧化剂 与酸值进行比较查明原因，投入净油器
4	闪点	1）比新的电压互感器绝缘油标准低5℃ 2）比前次试验低5℃		查明并消除故障，进行真空胶气处理或换油

(续)

序号	项目	超标或现象		超标可能原因	可采取的对策
5	水分 pg/g	500kV	≤20	1) 密封不严,潮气浸入 2) 运行温度过高,导致固体绝缘老化或油质劣化	
		220~330kV	≤30		
		66~110kV	≤40		
6	击穿电压 /kV	500kV	≤50		
		330kV	≤45		
		66~220kV	≤35		
		≤35kV	≤30		
7	界面张力/(mN/m)	<19			进行电压互感器绝缘油的再生或换油
8	介质损耗因数(90℃)	500kV	>0.02	电压互感器绝缘油老化程度较深、被污染、含有极性杂质	
		≤330kV	>0.04		
9	体积电阻率			电压互感器绝缘油老化程度较深、被污染、含有极性杂质	查明原因,对少数电压互感器可换油
10	油泥与沉淀物	有油泥和沉淀物存在(质量分数在0.02%以下可忽略不计)			

按表5-1-6完成作业终结记录。

表5-1-6 电压互感器绝缘油检查及试验作业终结记录表

序号	项目	内容	作业记录
1	恢复现场	作业中临时做的措施已全部恢复(如临时接地线等)	确认( )
2	清理现场	清理、撤离现场前,将仪器、工具、材料等搬离现场	确认( )
3	作业终结	1) 作业负责人在首位,按指定路线列纵队退场 2) 安排作业班成员到指定地点耐心等候 3) 结束作业,办理作业终结手续	确认( )
4	作业后记录	作业完成后,完成相关电子、纸质记录	确认( )
5	发现问题及处理结果	问题描述 处理结果 存在的问题已告知作业班班长或安全区代表	确认( )
6	风险变化情况	补充了新增风险,并已告知作业班班长或安全区代表	确认( )
7	作业结论	合格( ) 不合格( )	确认( )

【检查与控制】

观察员根据操作员的工作过程完成考核评分,具体考核评分细则见表5-1-7。

表 5-1-7 电压互感器绝缘油检查及试验考核评分表

操作时间：45min

序号	考核项目	考核内容及要求（评分要点）	配分	评分标准	扣分
1	开工	办理作业票	20	作业票负责人按局、工区有关规定办理好工作票，完成三级交底作业，未办理扣 5 分	
		作业负责人对本班作业人员进行分工，并检查劳保用品		分工明确，所有作业人员正确使用劳保用品，分工错误或劳保用品使用错误，扣 5 分	
		作业负责人向所有作业人员交代作业任务、安全措施和安全注意事项		全体作业人员应明确作业范围、进度要求等内容，未交代或不明确作业任务、作业内容等，扣 5 分	
		到位人员签名		在到位人员签字栏上签名，未签名各扣 2 分	
2	检查及试验流程	正确取样，外观检测	20	取油样的器具未保持清洁、干燥，扣 5 分	
		电压互感器绝缘油理化性能检测		电压互感器绝缘油的击穿电压、对不同电压等级的运行中的电压互感器绝缘油或新的电压互感器绝缘油有不同要求不清楚的，扣 5 分	
		油质状况分析		对电压互感器密封不好、漏水、漏气等情况不会采取对策的，扣 5 分	
		色谱分析		不会使用色谱分析仪的，扣 5 分	
3	检修内容	取样、外观检测	50	未检查或检查错误，每一项扣 5 分	
		检查酸值与水溶性酸碱度			
		检查闪点			
		检查水分			
		检查击穿电压			
		检查介质损耗因数			
		检查体积电阻率			
		检查含气量			
		检查油泥与沉淀物			
		检查密封性			
4	竣工	正确使用各种工具和量具，不得损坏工具和量具	10	工具、量具使用方法不正确，一次扣 2 分 损坏工具、量具，扣 5 分	
		文明操作，清理作业现场，将工器具全部收拢并摆放有序，废弃物按相关规定处理，材料及备品备件回收清点		未清理作业现场、乱摆乱放工器具、未回收废弃物、材料及备品备件，每一项扣 5 分	
		总分	100	得分	

观察员：　　　　　　操作员：　　　　　　　　　　年　　月　　日

【评价反馈】

1. 自我评价（表 5-1-8）。

表 5-1-8　电压互感器绝缘油检查及试验自我评价表

我做得好的地方	我还存在这些方面的问题
□ 动作准确	□ 动作不到位
□ 工具使用规范	□ 工具使用不规范
□ 安装步骤熟悉	□ 安装步骤不熟悉
□ 零件摆放整齐	□ 零件摆放不整齐
□ 操作用时合理	□ 操作用时过长
□ 工作态度端正	□ 工作态度不够端正

2. 小组评价。

我们组做到了：□ 全员参与　□ 分工明确　□ 工作高效　□ 完成了工作任务

3. 教师评价（表 5-1-9）。

表 5-1-9　电压互感器绝缘油检查及试验教师评价表

序号	评价内容	评价指标	等次（星级评定）
1	活动态度方面	1）态度是否积极，是否主动组织或参与活动 2）与小组成员合作是否良好 3）活动是否认真、善始善终 4）是否勇于克服困难	
2	知识技能方面	1）查阅资料能力 2）实地观察记录能力 3）调查研究能力 4）整理材料能力	

【知识巩固】

一、选择题

1. 电压互感器绝缘油主要起（　　）作用。

A. 冷却和绝缘　　B. 消弧　　C. 润滑　　D. 填补

2. 电流互感器铁心内的交变主磁通是由（　　）产生的。

A. 一次绕组两端的电压　　B. 二次绕组内通过的电流

C. 一次绕组内通过的电流　　D. 二次绕组两端的电压

3. 变压器铭牌上的额定容量是指（　　）。

A. 有功功率　　B. 无功功率　　C. 视在功率　　D. 平均功率

4. 油浸式电力变压器的吸湿器硅胶的潮解不应超过总量的（　　）。

A. 1/2　　B. 1/3　　C. 1/4　　D. 1/5

5. 变压器铁心采用相互绝缘的薄硅钢片制造，其主要目的是为了降低（　　）。

　　A. 铜损耗　　　　　B. 杂散损耗　　　　C. 电涡流损耗　　　D. 磁滞损耗

二、判断题

1. 我国工业用电频率规定为 50Hz，它的周期是 0.02s。　　　　　（　　）

2. 配电变压器的高压套管一般采用充油套管。　　　　　　　　　（　　）

3. 变压器的匝间绝缘属于主绝缘。　　　　　　　　　　　　　　（　　）

4. 电力变压器的吸收比应大于 1.3。　　　　　　　　　　　　　（　　）

5. 变压器绕组发生匝间短路时，短路的线圈内流着超过额定数值的电流，但在变压器外电路中的电流值还不足以使变压器的过电流保护或差动保护动作，在这种情况下，气体继电器保护却能动作。　　　　　　　　　　　　　　　　　（　　）

三、简答题

1. 电压互感器绝缘油一般检查哪些项目？一般采用什么标准？

2. 电压互感器绝缘油的检查周期有什么规定？

3. 怎样判别电压互感器绝缘油的油位状态？

任务二 电压互感器试验

【任务描述】

电压互感器是城市轨道交通等用电部门最主要的电力设备之一。近年来，随着电力工业的发展，电压互感器的数量日益增多，用途日益广泛，而且其绝缘结构、调压方式、冷却方式等均在不断发展中，对电压互感器进行试验是保证其安全运行的重要措施。按照设备检修周期，变电检修工班需要定时对电压互感器进行试验，从而有效地判断电压互感器的绝缘效果，确保系统的安全可靠。为保证相关作业顺利进行，下面对电压互感器试验中涉及的作业步骤和工艺进行介绍。

【学习目标】

目标名称	目标内容
知识目标	能口述电压互感器试验的标准和意义
	能口述电压互感器绝缘试验的方法和步骤
技能目标	能完成电压互感器试验的各种项目，重点掌握其中电气强度试验和电压互感器绝缘油试验过程
	能有效获取设备运行状态的信息，具有正确评估、处理、分析信息的能力
素质目标	能与他人合作，进行有效沟通，能按6S管理规定进行作业
	培养爱岗敬业、严谨细致的工作作风

【知识准备】

一、电压互感器试验的项目

电压互感器试验包括以下项目：
1）电压互感器绝缘油试验。
2）测量绕组连同套管的绝缘电阻、吸收比和极化指数。
3）测量绕组连同套管的直流泄漏电流。
4）测量绕组连同套管的介电损耗因数。
5）测量绕组与铁心的绝缘电阻和各紧固件及铁心的对地绝缘电阻。

6）测量绕组连同套管的直流电阻。

7）检查绕组的电压比、极性与联结组别。

8）绕组连同套管的交流耐压试验。

9）额定电压下的冲击合闸试验。

二、试验前的准备工作

1）确保彻底断电，清除电压互感器周围与试验无关的杂物，扫除器身尘垢，用干燥、洁净的棉布仔细擦净高、低压绝缘子等。

2）电压互感器如果已安装就位，应将高、低压母线拆除。

3）准备好现场试验用电源，要求安全可靠，做好接地工作，确保试验人员及设备的安全。

4）记录当时的环境温度、油面温度、相对湿度、油标高度及电压互感器的铭牌数据。

5）整理好被试电压互感器出厂时的说明书、试验记录单等相关资料，以作为试验结束后各数据参考、比较、判断之用。

6）电压互感器试验外部检查状况应良好。

7）做好现场安全措施，如围栏、警示牌等。

【收集信息】

一、我们的学习任务是什么？

二、为顺利完成本学习任务，请按要求完成信息的收集。

1. 根据本任务的知识储备，掌握电压互感器试验的方法。

电气强度试验的接线如图 5-2-1 所示，与交流耐压试验基本相同。

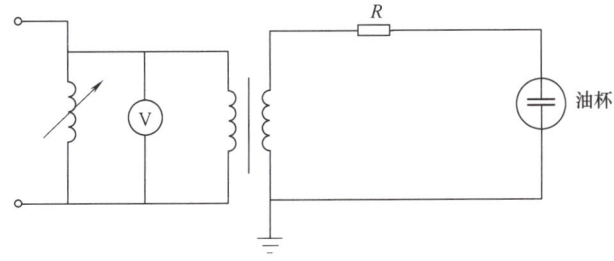

图 5-2-1　电气强度试验的接线图

1）在装有电压互感器绝缘油的油杯中放上一定形状的标准两极，两极间加上_____电压，并以一定的速度逐渐升压，直到_____为止。该电压为电压互感器绝缘油的击穿电压。

2）为使油样的温度不低于室温，应将油样置于室内 1~8h，再倒入油杯。

3）在开启油样瓶塞前，应将油样小心地上下颠倒几次，使上下油层均匀混合，但不应使油样产生_____。

4）启盖，用油样洗涤电极 2~3 次，再将油样沿杯壁或洁净的玻璃棒徐徐倒入杯中，将电极接入试验回路。如有气泡，可用_____除去，静置_____ min，使气泡完全逸出。

5）合上电源，启动调压器，以_____的速度均匀升高电压，直至油杯中有明显火花放电，开关跳闸，电压表指示为零为止。

6）记录击穿电压值。

击穿后，用洁净的玻璃棒在油杯中轻轻拨动数次，以除掉击穿时产生的游离炭，静止_____ min 后，再进行一次_____（从零开始），如此重复 5 次。

7）计算 5 次试验中击穿电压的_____值。

试验完毕后，妥善处理好废油。应有专门容器存放废油，并定期进行集中处理，避免污染环境。

2. 参考以下试验设备介绍，完成试验步骤简述。

HYYJ-501 型绝缘油介电强度测试仪：通过鼠标，以人机对话的方式完成参数设定、操作控制、结果显示、历史查询和打印结果，其界面如图 5-2-2 所示。试验分自动和手动两种方式，下面给出手动方式的试验步骤。

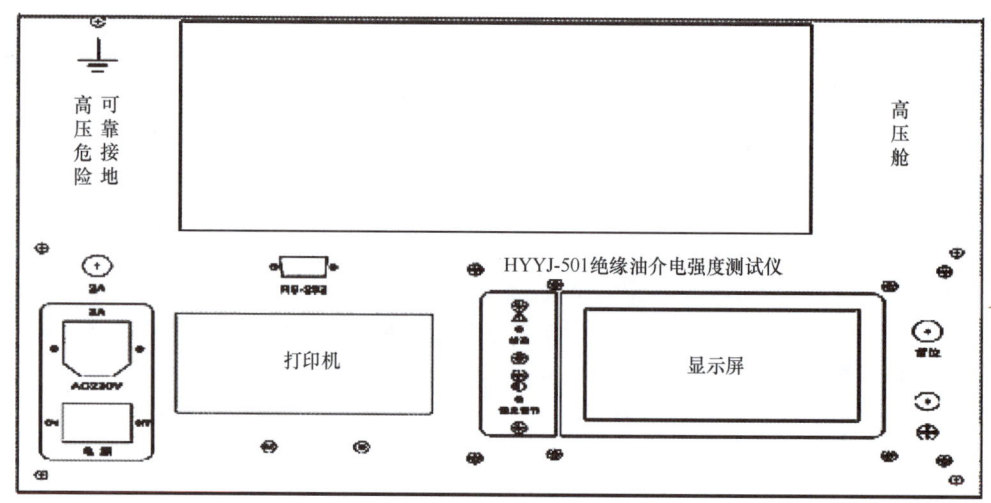

图 5-2-2　HYYJ-501 型绝缘油介电强度测试仪界面

1）将仪器可靠接地，并将磁振子置于油杯内，装上油样，在断电时置于高压电极上，罩上电极罩，盖上高压舱盖。合上电源，显示屏上出现欢迎界面后即自动转入主界面（见图 5-2-3）。

2）单击鼠标，选择"油耐压试验"，进入相应界面（见图 5-2-4）。

3）参数设置。单击鼠标，选择"设定"，然后依次进行各参数设置。右旋则数字加1，左旋则数字减1。

当限压设置设为 00.000kV，耐压时间设为 0 分 00 秒时，仪器将进行普通油耐压试验。

当耐压时间到，仪器将自动降压、静置、搅拌，然后进行下一次耐压试验。

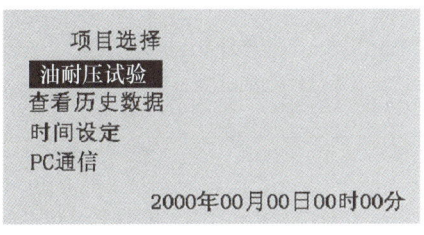

图 5-2-3 主界面

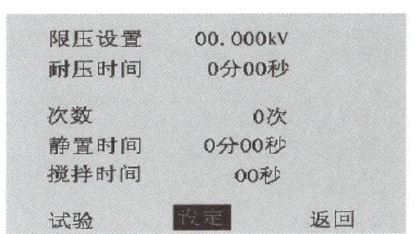

图 5-2-4 "油耐压试验"界面

4)完成设置,用鼠标单击"试验"后进入试验界面(见图 5-2-5)。

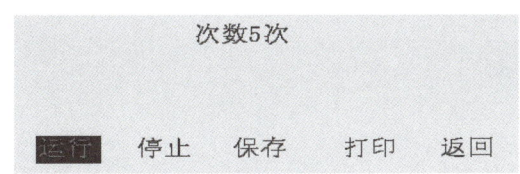

图 5-2-5 试验界面

5)移动鼠标至"运行"按钮,单击鼠标,即进入试验(如果高压舱未盖好将会提示高压舱未盖好,则试验将不会继续)。

6)在试验过程中如需要停止时,选择"停止"并单击鼠标将中止升压,此时即可对电压进行校定。选择"运行"并单击鼠标,仪器将继续升压试验。

7)试验完成后,蜂鸣器发出声响,告知试验完毕,此时仪器会显示平均值(见图 5-2-6 和图 5-2-7)。

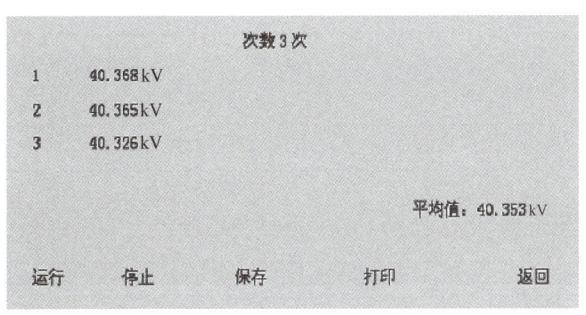

图 5-2-6 试验完成

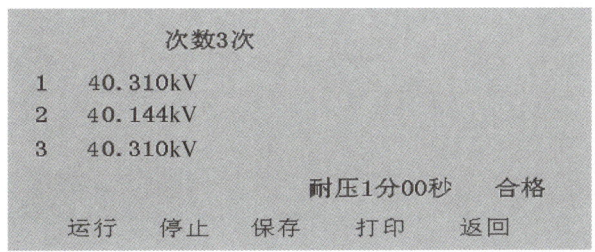

图 5-2-7 做了限压设置并设定了耐压时间的试验结果

试验过程简述如下。

1)搅拌:_____

2）静置：_____

3）升压：_____

4）降价：_____

5）重复测量：_____

【制订计划】

请根据电压互感器试验的任务要求，确定所需的维护仪器、工具，并对小组成员进行合理分工，制订详细的检查和维护计划。

1. 小组成员分工：_____

2. 备品备件准备：_____

3. 危险点分析：_____

4. 安全措施：_____

5. 作业程序及标准：_____

【任务实施】

1. 按表5-2-1完成作业前准备。

表5-2-1 电压互感器试验作业前准备

出发前准备	人员	人员资质、职业禁忌、身体状况、精神状态满足作业要求	确认（ ）
	仪器工具		确认（ ）
	技术资料	相关技术资料	确认（ ）
	护用品	安全帽、安全带两套、工作服	确认（ ）
	物资材料	相关物资、备品备件	确认（ ）
	车辆	已开展车辆安全检查，并已确定最佳行驶路线	确认（ ）

（续）

进场前准备	1）安排作业班成员在指定地点耐心等候 2）办理作业许可手续，确保现场安全措施符合作业要求 3）再次核查人数相符和个人防护用品正确佩戴 4）作业负责人在首位，作业班按指定路线列纵队进场		确认（　）
作业和安全技术交底	作业负责人向作业班成员交代作业任务、作业范围、安全措施、分工安排		确认（　）
	应急事项	遇紧急情况，作业人员应根据现场情况按照以下的紧急处理程序进行处理： 1）发生人员坠落、人员触电、人员中暑等严重威胁生命的情况时，立即向当值调度员和本部门领导、安全监督人员报告并将遇险人员转移到安全地点进行急救，同时打120电话联系医院派救护车前来救援 2）发生碰伤、扭伤等较轻微且不危及生命的伤病时，先暂停工作进行紧急处理，再视伤病严重程度考虑是否送医院治疗 3）发生误碰设备跳闸事故时，应立即停止工作，并通知许可人	确认（　）
风险评估	风险	控制措施	
	绝缘击穿，触电伤亡	作业负责人带领进入作业现场；核对设备名称和编号	确认（　）
	接取试验电源，触电伤亡	检查漏电保护开关正常，禁止用导线在插座上取电源	确认（　）
	高空坠落	穿防滑鞋、系安全带	确认（　）
	序号　现场评估后补充风险	临时应对措施	确认（　）

2. 完成作业过程。

按表5-2-2登记作业内容。

表5-2-2　电压互感器试验作业内容登记表

项目	风险		控制措施	
				确认（　）
仪器/仪表	名称	型号	厂家	有效日期
作业标准				
作业记录	（详细填写内容如下）			确认（　）
试验日期		环境温度/℃	环境相对湿度（%）	

请结合本小组制订的计划，对电压互感器进行试验，并完成下列作业记录的填写。

（1）介质损耗因数测量

电压互感器绝缘油的电气强度试验主要判断有无外界杂质的掺入，而介质损耗因数测量还能指出油质劣化程度，能灵敏地发现电压互感器绝缘油劣化、吸入水分和脏污的程度。电压互感器绝缘油氧化后生成的某些劣化物会使酸值增加，并使介质损耗增大，绝缘下降。

测试设备：_____。

测量步骤：

1）清洗油杯。

试验前（及必要时，即当试验结果出现异常时，如数据分散性大或不合格）将油杯先用石油醚或清洗剂清洗干净，并在烘干箱内烘干，温度设为_____℃，时间为_____。

2）空杯试验。

将空杯升温至_____℃，介质损耗因数应小于_____，电容量应符合仪器制造厂要求，即确认干净。

3）装取油样。

空杯先用油样冲洗_____以上，再装油样，静置10min。

4）介质损耗因数测量。

将油样升温至_____℃，进行介质损耗因数测量。

（2）绕组连同套管的直流泄漏电流

1）测试方法。

根据相关规程和所试电压互感器绕组的额定电压确定试验电压，并根据试验电压选择合适电压等级的电源设备、测量仪表。试验中被测绕组短接，其他非被测绕组短路接地。

试验前应将电压互感器套管外绝缘清扫干净。

2）试验步骤。

① 将电压互感器各绕组引线断开，并将试验用的高压引线接至被测绕组，其他非被测绕组_____。

② 按接线图（见图5-2-8）准备试验，保证所有试验设备、仪表仪器接线正确且指示正确。

③ 记录顶层油温及_____。

④ 确认一切正常后开始试验。先_____至试验电压，以检查试验设备绝缘是否良好、接线是否正确。

⑤ 将直流电源输出加在被试电压互感器绕组上，测量时，加压到_____，待1min后读取泄漏电流值。然后加压到试验电压，待_____min后读取泄漏电流值。

⑥ 被测绕组试验完毕，将电压降为_____，切断电源，必须充分_____后再进行其他操作。

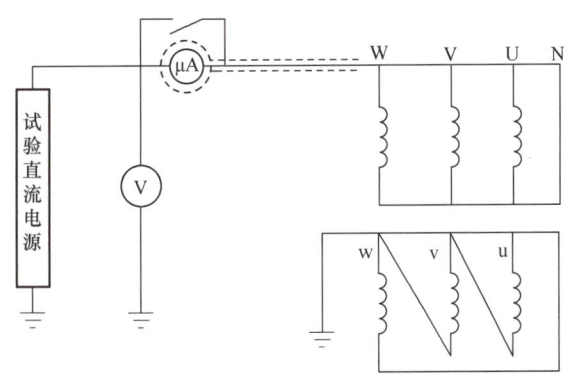

图 5-2-8　绕组连同套管的直流泄漏电流试验接线图

3）试验结果判断依据。

直流泄漏电压见表 5-2-3。

表 5-2-3　油浸式电压互感器直流泄漏电压　　　　　　　　单位：kV

绕组额定电压	3	6~10	20~35	66~330	500
直流泄漏电压	5		20		

直流泄漏电流的测量从原理上讲与绝缘电阻的测量是完全一样的，能发现的缺陷也基本一致，只是由于直流泄漏电流的测量所加电压高，因而能发现在较高电压作用下才暴露的缺陷。

加上任一级试验电压时，泄漏电流的指示不应有_____。

（3）绕组连同套管的介质损耗因数

1）测试方法。

测量时根据所示变压器的接地状况选择正接线或反接线。在有干扰时应设法排除以保证测量结果的可靠性。试验中被测绕组短接，其他非被测绕组短路接地。

试验前应将套管外绝缘清扫干净。

2）试验步骤。

① 测量并记录顶层油温及环境温度和相对湿度。

② 按照仪器接线图连接试验线路，应注意测试用高压线的对地绝缘问题。

③ 按照介质损耗测试仪操作说明进行试验。

④ 判断试验结果，依据（或方法）如下：

不同温度下的介质损耗因数值一般可用公式 $\tan\delta_2 = \tan\delta_1 \times 1.3^{(t_2-t_1)/10}$ 换算（式中 $\tan\delta_1$ 和 $\tan\delta_2$ 分别为在温度 t_1 和 t_2 下的介质损耗因数值），20℃时介质损耗因数不大于下列数值：

500kV　　　　　0.6%

110~220kV　　　0.8%

35kV　　　　　　1.5%

交接时应测量绕组的介质损耗因数，并作为该设备的原始记录，以后的试验应与原始记录比较且应无明显变化（一般不大于原始记录的30%）。

试验电压如下：

绕组电压 10kV 及以上——10kV。

绕组电压 10kV 以下——U_n。

绕组的介质损耗因数与原始记录比较，不论是变大或变小都可能是缺陷的反映，同一电压互感器各绕组的介质损耗因数应基本一致。

(4) 绕组连同套管的交流耐压试验

1) 测试方法。

用_____进行试验时，接线方式可参照直流耐压试验时进行，只要用短路杆将_____，即可获得工频高电压作为交流输出状态。

2) 试验步骤。

① 做好试验前的准备工作。

② 检查接线，确认无误后方可准备_____。

③ 加压前，检查调压器是否在_____，升压时应相互呼唱。

④ 均匀升压，不能太快，并防止突然加压，升到规定试验电压时，开始计时_____。此外，在升压过程中，应监视电压表、电流表的变化。

⑤ 降压时缓慢均匀下降，不可未降压就跳开电源开关。

⑥ 试验前后均应测量变压器的_____，检查绝缘情况。

⑦ 判断试验结果，依据（或方法）如下：

参考表 5-2-4，对于电压互感器交流耐压试验，在持续时间内，不击穿为_____，反之为_____。

表 5-2-4　电压互感器交流耐压试验电压标准　　　　　　（单位：kV）

系统标称电压	设备最高电压	交流耐受电压	
		油浸式	干式
<1	≤1.1	—	2.5
3	3.6	14	8.5
6	7.2	20	17
10	12	28	24
15	17.5	36	32
20	24	44	43
35	40.5	68	60
66	72.5	112	—
110	126	160	—
220	252	316	—
330	363	408	—
500	550	544	—

（5）冲击合闸试验

在额定电压下对电压互感器进行冲击合闸试验，应进行_____次，每次间隔时间宜为_____min，期间应无异常现象。

冲击合闸试验应在电压互感器_____侧进行。

无电流差动保护的干式电压互感器可冲击_____次。

按表 5-2-5 完成作业终结记录。

表 5-2-5　电压互感器试验作业终结记录表

序号	项目	内容	作业记录
1	恢复现场	作业中临时做的措施已全部恢复（如临时接地线等）	确认（　）
2	清理现场	清理、撤离现场前，将仪器、工具、材料等搬离现场	确认（　）
3	作业终结	1）作业负责人在首位，按指定路线列纵队退场 2）安排作业班成员到指定地点耐心等候 3）结束作业，办理作业终结手续	确认（　）
4	作业后记录	作业完成后，完成相关电子、纸质记录	确认（　）
5	发现问题及处理结果	问题描述 处理结果 存在的问题已告知作业班班长或安全区代表	确认（　）
6	风险变化情况	补充了新增风险，并已告知作业班班长或安全区代表	确认（　）
7	作业结论	合格（　）　不合格（　）	确认（　）

【检查与控制】

观察员根据操作员的工作过程完成考核评分，具体考核评分细则见表 5-2-6。

表 5-2-6　电压互感器试验考核评分表

操作时间：60min

序号	考核项目	考核内容及要求（评分要点）	配分	评分标准	扣分
1	开工	办理作业票	20	作业票负责人按局、工区有关规定办理好作业票，完成三级交底作业，未办理扣 5 分	
		作业负责人对本班作业人员进行分工，并检查劳保用品		分工明确，所有作业人员正确使用劳保用品，分工错误或劳保用品使用错误，扣 5 分	
		作业负责人向所有作业人员交代作业任务、安全措施和安全注意事项		全体作业人员应明确作业范围、进度要求等内容，未交代或不明确作业任务、作业内容等，扣 5 分	
		到位人员签名		在到位人员签字栏上签名，未签名各扣 2 分	

（续）

序号	考核项目	考核内容及要求（评分要点）	配分	评分标准	扣分
2	试验流程	试验前清除杂物、保持干燥和洁净	20	试验前电压互感器高、低压母线未拆除，扣5分	
		确保电压互感器安装就位		试验电源未准备好、未接地，扣5分	
		记录相关数据		环境温度、油面温度、相对湿度、油标高度及电压互感器的铭牌数据等未记录的，扣5分	
		做好安全措施		试验前未检查电压互感器自身状况、现场没有围栏和警示牌等的，扣5分	
3	试验内容	电压互感器绝缘油试验	50	未试验或试验有误，每一项扣5分	
		测量绕组连同套管的绝缘电阻、吸收比和极化指数			
		测量绕组连同套管的直流泄漏电流			
		测量绕组连同套管的介质损耗因数			
		测量绕组与铁心的绝缘电阻和各紧固件及铁心的对地绝缘电阻			
		测量绕组连同套管的直流电阻			
		检查绕组的电压比、极性与联结组别			
		绕组连同套管的交流耐压试验			
		额定电压下的冲击合闸试验			
4	竣工	正确使用各种工具和量具，不得损坏工具和量具	10	工具、量具使用方法不正确，一次扣2分；损坏工具、量具，扣5分	
		文明操作，清理作业现场，将工器具全部收拢并摆放有序，废弃物按相关规定处理，材料及备品备件回收清点		未清理作业现场、乱摆乱放工器具、未回收废弃物、材料及备品备件，每一项扣5分	
		总分	100	得分	

观察员： 操作员： 年 月 日

【评价反馈】

1. 自我评价（表 5-2-7）。

表 5-2-7　电压互感器试验自我评价表

我做得好的地方	我还存在这些方面的问题
□ 动作准确	□ 动作不到位
□ 工具使用规范	□ 工具使用不规范
□ 安装步骤熟悉	□ 安装步骤不熟悉
□ 零件摆放整齐	□ 零件摆放不整齐
□ 操作用时合理	□ 操作用时过长
□ 工作态度端正	□ 工作态度不够端正

2. 小组评价。

我们组做到了：□ 全员参与　□ 分工明确　□ 工作高效　□ 完成了工作任务

3. 教师评价（表 5-2-8）。

表 5-2-8　电压互感器试验教师评价表

序号	评价内容	评价指标	等次（星级评定）
1	活动态度方面	1）态度是否积极、是否主动组织或参与活动 2）与小组成员合作是否良好 3）活动是否认真、善始善终 4）是否勇于克服困难	
2	知识技能方面	1）查阅资料能力 2）实地观察记录能力 3）调查研究能力 4）整理材料能力	

【知识巩固】

一、判断题

1. 电压互感器额定电流就是电压互感器最大允许工作电流。　　　　（　）

2. 硅钢片是以轧制方式、晶格方向、含硅量和厚度分成各种品种的，硅钢片的轧制方式主要分为热轧、冷轧两种。　　　　（　）

3. 空载损耗就是空载电流在绕组中产生的损耗。　　　　（　）

4. 联结组别为 Y，d_{11} 的电压互感器，其电压比为 35000V/10000V，则一次绕组与二次绕组的匝数比等于 3.5。　　　　（　）

5. 电压互感器接入负荷后，只要保持电源电压和频率不变，则主磁通也将保持不变。　　　　（　）

二、简答题

1. 论述电压互感器负荷试验的目的和意义。

2. 在外耐压试验时常用的测量试验电压的方法有哪几种？

3. 简述电压互感器的基本工作原理。

任务三 电流互感器高压试验

【任务描述】

新安装的电流互感器的预试周期投运后两年内每年一次预试,两年后电流互感器等设备的预试周期可随主变压器的周期安排。

500kV 电气设备,按照国家电网公司有关文件要求进行。

220kV 电气设备,各个设备维护单位可以根据设备健康状况进行三年一次预试。

110kV 电气设备,各个设备维护单位可以根据设备健康状况进行三年一次预试。

6~35kV 电气设备,三年一次预试。

【学习目标】

目标名称	目标内容
知识目标	能口述电流互感器高压试验的项目和标准
	能口述电流互感器高压试验的试验方法和步骤
技能目标	能完成电流互感器高压试验的各个项目
	能养成解决问题时的逆向思维能力和考虑问题时的换位思考能力
素质目标	能与他人合作,进行有效沟通,能按 6S 管理规定进行作业
	培养爱岗敬业、严谨细致的工作作风

【知识准备】

一、电流互感器

典型的互感器可利用电磁感应原理将高电压转换成低电压,或将大电流转换成小电流,以此为测量装置、保护装置、控制装置提供合适的信号。

电流互感器在原理上也与变压器相似,如图 5-3-1 所示。它与电压互感器的主要差别是:正常工作状态下,电流互感器一、二次绕组上的压降很小(注意不是指对地电压),几乎相当于一个处于短路状态的变压器,所以铁心中的磁通 Φ 也相对较小,这时一、二次绕组的磁动势 F($F=IN$)大小相等,方向相反。即电流互感器的电流比与一、二次绕组的匝数成反比。

电压互感器和电流互感器在结构上的主要差别如下：

1）电压互感器和电流互感器都可以有多个二次绕组，但电压互感器的多个二次绕组可共用一个铁心，电流互感器则是每个二次绕组都必须有独立的铁心，即有多少个二次绕组，就有多少个铁心。

2）电压互感器一次绕组的匝数很多，导线很细，二次绕组匝数较少，导线稍粗；电流互感器一次绕组只有 1～2 匝，导线很粗，二次绕组匝数较多，导线的粗细则与二次电流的额定值有关。

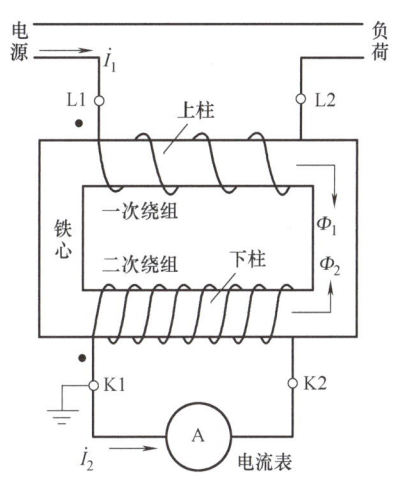

图 5-3-1　电流互感器内部结构图

3）电压互感器正常运行时，严禁将一次绕组的低压端子打开，严禁将二次绕组短路；电流互感器正常运行时，严禁将二次绕组断路。

二、电流互感器的型号意义

电流互感器的型号由字母及数字组成，通常用于给出电流互感器的绕组类型、绝缘种类、使用场所及电压等级等。字母的含义如下：

第一位字母：L——电流互感器。

第二位字母：M——母线式（穿心式），Q——线圈式，Y——低压式，D——单匝式，F——多匝式，A——穿墙式，R——装入式，C——瓷箱式，Z——支柱式，V——倒装式。

第三位字母：K——塑料外壳式，Z——浇注式，W——户外式，G——改进型，C——瓷绝缘，P——中频，Q——气体绝缘。

第四位字母：B——过电流保护，D——差动保护，J——接地保护或加大容量，S——快速饱和，Q——加强型。

字母后面的数字一般表示使用电压等级。例如 LMK-0.5S 型，表示使用于额定电压 500V 及以下的电路，塑料外壳的穿心式 S 型电流互感器。LA-10 型，表示使用于额定电压 10kV 的电路的穿墙式电流互感器。

三、电流互感器高压试验步骤

1. 绝缘电阻测量

1）被试绕组温度应在 10～40℃ 之间。

2）用 2500V 绝缘电阻表测量，测量前对被试绕组进行充分放电。

3）试验接线：电流互感器按图 5-3-2 所示接好试验线路。

4）驱动绝缘电阻表达额定转速，或接通绝缘电阻表电源开始测量，待指针稳定后（或 60s 后），读取绝缘电阻值。在读取绝缘电阻后，先断开接至被试绕组的连接线，然后再使绝缘电阻表停止运转。

5）断开绝缘电阻表后应对被试绕组放电接地。

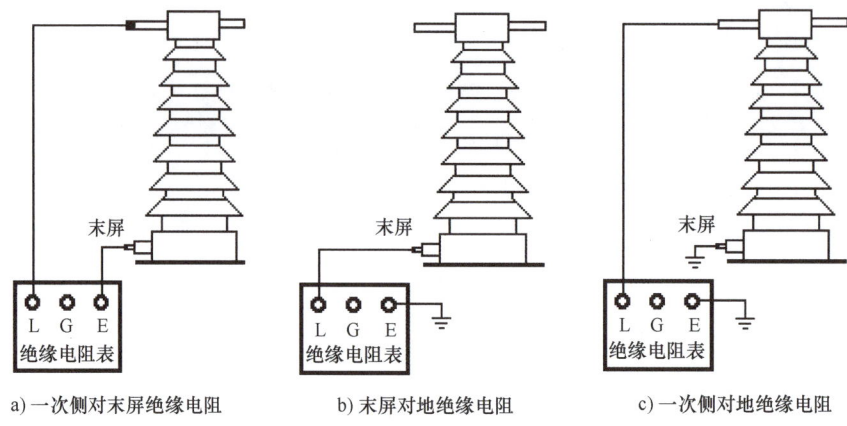

图 5-3-2　绝缘电阻测量试验线路图

关键点：

1）采用 2500V 绝缘电阻表测量。

2）测量前被试绕组应充分放电。

3）拆开端子连接线之前必须做好记录，恢复接线后必须认真检查核对。

4）如果怀疑瓷套脏污影响绝缘电阻，可用软铜线在瓷套上绕一圈，并与绝缘电阻表的屏蔽端（G）连接。

试验要求：

1）与历次试验结果和同类设备的试验结果相比无显著差别为正常。

2）一次绕组对二次绕组及地的绝缘电阻应大于 1000MΩ，二次绕组之间及对地的绝缘电阻应大于 10MΩ。

3）介质损耗因数不应低于出厂值或初始值的 70%。

4）电容型电流互感器末屏绝缘电阻不宜小于 1000MΩ，否则应测量其介质损耗因数。

2. 绕组直流电阻测量

1）可采用直流电阻测试仪进行测量，但应注意测试电流不宜超过绕组额定电流的 50%，以免绕组发热增加直流电阻，影响测量的准确度。

2）试验接线：将被试绕组首尾端分别接入电桥，非被试绕组悬空，采用双臂电桥（或数字式直流电阻测试仪）时，电流端子应在电压端子的外侧，如图 5-3-3 所示。

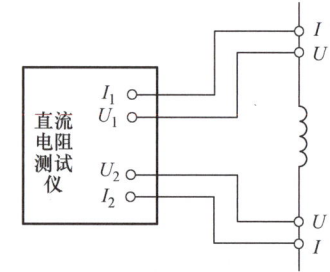

图 5-3-3　直流电阻测试仪试验线路图

3）换接线时应断开电桥的电源，并对被试绕组短路及充分放电后才能拆开测量端子，如果放电不充分而强行断开测量端子，容易造成过电压而损坏被试绕组的主绝缘，一般数字式直流电阻测试仪都有自动放电和警示功能。

关键点：

1）测量电流不宜大于按被试绕组额定负荷计算所得的输出电流的 20%。

2）当被试绕组匝数较多而电感较大时，应待仪器显示的数据稳定后方可读取，测量结束后应待仪器充分放电后方可断开测量回路。

3）记录试验时的环境温度和空气相对湿度。

4）直流电阻测量值应换算到同一温度下进行比较。

结果判断：

与历次试验结果和同类设备的试验结果相比无显著差别为正常。

3. 变比试验

方法1：电流法。

电流法接线图如图 5-3-4 所示，由调压器及升流器等构成升流回路，待检电流互感器 TA 的一次绕组与升流回路串联；同时用测量用 TA_0 和交流电流表 A_1 测量加在一次绕组上的电流 I_1，用另一块交流电流表 A_2 测量待检二次绕组的电流 I_2，计算 I_1/I_2 的值，判断是否与铭牌上的额定电流比（I_{1n}/I_{2n}）相符。

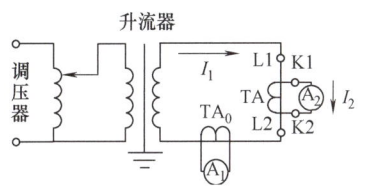

图 5-3-4　电流法接线图

方法2：电压法。

待检电流互感器一次绕组及非被试二次绕组均应断路，将调压器输出接至被试二次绕组端子处，缓慢升压，同时用一块交流电压表测量加于二次绕组上的电压 U_2，用另一块交流电压表测量一次绕组的断路感应电压 U_1，计算 U_2/U_1 的值，判断是否与铭牌上该绕组的额定电流比（I_{1n}/I_{2n}）相符。

方法3：电流互感器变比测试仪（电流互感器伏安特性测试仪，见图 5-3-5）法，按说明书操作即可。

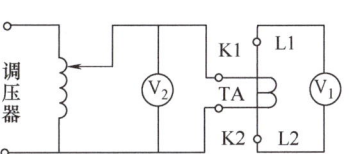

图 5-3-5　电流互感器变比测试仪实验线路图

> **注意事项：**
>
> 方法1：测量某个二次绕组时，其余所有二次绕组均应短路，不得断路，并应根据待检电流互感器的额定电流和升流器的升流能力选择量程合适的测量用电流互感器和电流表。
>
> 方法2：施加于二次绕组的电压不宜过高，防止待测电流互感器铁心饱和。
>
> 方法3：测量某个二次绕组时，其余所有二次绕组均应短路，不得断路，并应根据待检电流互感器的额定电流和升流器的升流能力选择合适的测量电流。

结果判断：

与铭牌和标志相符为正常。

4. 正立式电容型电流互感器介质损耗因数及电容量测量

测量接线如图 5-3-6 所示。

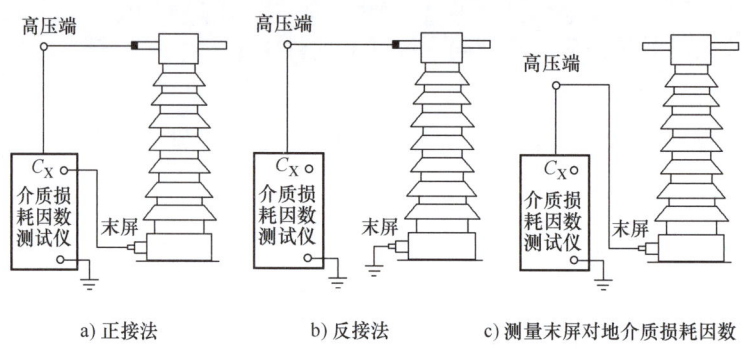

a) 正接法　　　　b) 反接法　　　　c) 测量末屏对地介质损耗因数

图 5-3-6　正立式电容型电流互感器介质损耗因数及电容量测量接线图

5. 倒立式电流互感器介质损耗因数及电容量测量

1）SF_6 绝缘电流互感器不要求测量介质损耗因数。

2）当二次绕组金属罩和二次引线金属管内部接地而零屏外引接地时只能采用反接法进行测量。

3）当二次绕组金属罩和二次引线金属管与零屏同时外引接地时优先采用正接法进行测量。

判断二次引线金属罩是否在内部接地的方法是：如果用正接法测出的电容量比反接法测出的电容量小很多，就说明二次引线金属管已在内部接地。

注意事项及结果判断：

1）本试验应在天气良好，待检电流互感器及环境温度不低于 5℃ 的条件下进行。

2）测试前，应先测量绕组的绝缘电阻。

3）测量时应记录空气相对湿度、环境温度。

4）与历次试验结果和同类设备的试验结果相比无显著差别为正常。

5）被试绕组的介质损耗因数不应大于规程规定值。

6）当测量电容型电流互感器末屏的介质损耗因数时，其值不应大于 2%。

6. 一次绕组交流耐压试验

将二次绕组短接并与外壳连接后接地，在一次侧加压。采用调压器及串联谐振装置的试验接线如图 5-3-7 所示。

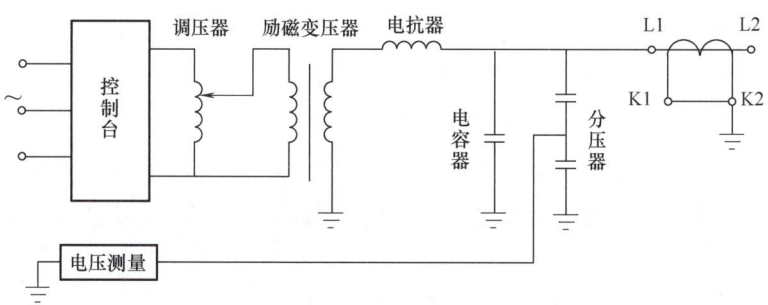

图 5-3-7　采用调压器及串联谐振装置的试验接线图

注意事项：

1）耐压试验前确认被试绕组绝缘电阻合格。

2）充油和充气互感器必须静置规定的时间（通常安装后应静止 24h 以上）。

3）互感器绝缘油试验应合格。

4）气体试验应合格，耐压在额定气压下进行。

5）耐压试验前后，应检查有无绝缘损伤。

6）外加交流试验电压的频率应为 45~65Hz。

7）交流耐压试验时加至标准试验电压后的持续时间，凡无特殊说明者，均为 1min。

8）外加试验电压值应在高压侧进行测量，并应测量电压峰值。

9）测量时应记录空气的相对湿度和环境温度。

10）拆开试验设备高压引线，测试被试绕组对其他绕组及地的绝缘电阻，并与耐压前的测试值比较，耐压试验后绝缘电阻不应降低。

试验结束后应对被试绕组放电接地。

试验要求：

1）试验过程中不应发生闪络、击穿现象。

2）试验前后绝缘电阻不应有明显变化。

7. 励磁特性（伏安特性）曲线测量

1）待检电流互感器一次及所有二次绕组均断路。

2）将调压器或试验变压器的电压输出高压端接至被试二次绕组的一端，被试二次绕组的另一端通过电流表（或毫安表，视量程需要）接地，试验变压器的高压尾端接地，如图 5-3-8 所示。

3）接好测量用 PT、电压表。

4）缓慢升压，同时读出并记录各测量点的电压、电流值。

5）依次测量其他二次绕组的励磁特性曲线，如图 5-3-9 所示。

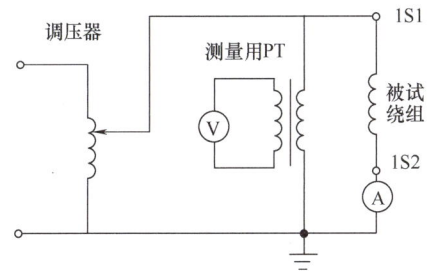

图 5-3-8 励磁特性曲线测量

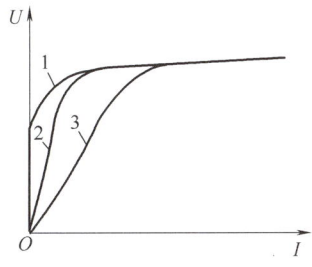

图 5-3-9 电流互感器二次绕组的励磁特性曲线

1—正常曲线 2—短路 1 匝
3—短路 2 匝

> **注意事项：**
> 1）试验时应先去磁（可加交流电压平缓升降几次），然后将电压逐渐升至励磁特性曲线的饱和点即可停止。
> 2）如果被试绕组励磁特性的饱和电压高于2kV，则现场试验时所施加的电压一般应在2kV截止，避免二次绕组的绝缘承受过高电压。
> 3）试验时测量点的选择应便于计算饱和点且便于与出厂数据及历史数据进行比较，一般不应少于5个点。

试验结果判断：

与历次试验结果或与同类设备的试验结果相比无显著差别为正常。

四、电流互感器高压试验数据的判断

1. 对试验数据的判断方法

1）与出厂试验数据或安装交接试验数据比较应无明显的变化。

2）与同类产品比较应无明显的差异。

3）与历年试验数据比较应无显著的差别。

4）试验结果应符合相关规程的规定。

2. 数据异常的可能原因

（1）绝缘电阻下降

1）受潮。

2）外套脏污。

3）绝缘老化变质。

4）局部绝缘破损或击穿。

（2）介质损耗因数增大

1）受潮或外套脏污。

2）外电场干扰。

3）试验引线或接地线接触不良造成的附加损耗。

4）电容屏半击穿状态形成的附加电阻。

5）内部绝缘存在局部放电缺陷。

6）绝缘老化、变质造成介质损耗增加。

7）介质损耗随试验电压的下降而增加，说明电容屏绝缘材料有杂质。

（3）电容量增加

1）个别电容元件击穿或电容屏层间绝缘存在击穿问题。

2）电容元件或电容屏受潮。

3）采用反接线测量时高压引线太长（引线对地电容大）。

（4）电容量减小

1）电容元件之间的连接线或电容屏引线断线或接触不良。

2）油浸式电容器或互感器内部缺油。

(5）直流电阻异常

1）绕组存在匝间短路。

2）绕组存在焊接或接触不良、断线等问题。

（6）励磁特性异常

1）励磁电流增加：绕组存在匝间短路，此时变比也会发生变化。

2）励磁电流变小：绕组存在断线或虚焊问题。

【收集信息】

一、我们的学习任务是什么？

二、为顺利完成本学习任务，请按要求完成信息的收集。

1. 极性试验：

2. 变比试验：

3. 励磁特性曲线测量：

励磁特性曲线测量时的特别注意事项：

1）电压应由零逐渐上升，不可中途降低电压再升高，以免因磁滞回线关系使伏安特性曲线不平滑。

2）对于二次侧为多绕组结构的电流互感器，在做励磁特性曲线测量时也应将其他二次绕组短接。

3）10%误差曲线通常由厂家提供。

如图 5-3-10 所示：横坐标表示二次负荷，纵坐标为电流互感器实际一次电流对其额定一次电流的倍数。

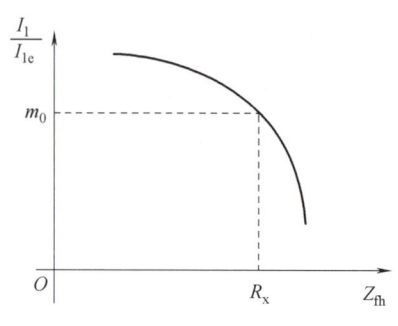

图 5-3-10　误差曲线图

根据所测得 u、i_2 值得到 R_{x1}，$R_{x1}=u/i_2$，找出与二次回路负荷 R_x 最接近的值，并找到该负荷对应的 m_0，该条线路有可能承受的最大负荷的标准倍数 m，比较 m 和 m_0 的大小，如果 $m>m_0$，则该电流互感器不满足回路需求，如果 $m\leqslant m_0$，则该电流互感器可以使用。励磁特性测试点为 i_2 在 0.5A，1A，3A，5A，10A，15A 时二次绕组的电压值。

【制订计划】

请根据电流互感器高压试验的任务要求，确定所需的维护仪器、工具，并对小组成员进行合理分工，制订详细的检查和维护计划。

1. 小组成员分工：_____

2. 备品备件准备：_____

3. 危险点分析：_____

4. 安全措施：_____

5. 作业程序及标准：_____

【任务实施】

1. 按表 5-3-1 完成作业前准备。

表 5-3-1　电流互感器高压试验作业前准备

出发前准备	人员	人员资质、职业禁忌、身体状况、精神状态满足作业要求		确认（ ）
	仪器工具			确认（ ）
	技术资料	相关技术资料		确认（ ）
	防护用品	安全帽、安全带两套、工作服		确认（ ）
	物资材料	相关物资、备品备件		确认（ ）
	车辆	已开展车辆安全检查，并已确定最佳行驶路线		确认（ ）
进场前准备		1）安排作业班成员在指定地点耐心等候 2）办理作业许可手续，确保现场安全措施符合作业要求 3）再次核查人数相符和个人防护用品正确佩戴 4）作业负责人在首位，作业班按指定路线列纵队进场		确认（ ）
作业和安全技术交底		作业负责人向作业班成员交代作业任务、作业范围、安全措施、分工安排		确认（ ）
	应急事项	遇紧急情况，作业人员应根据现场情况按照以下的紧急处理程序进行处理： 1）发生人员坠落、人员触电、人员中暑等严重威胁生命的情况时，立即向当值调度员和本部门领导、安全监督人员报告并将遇险人员转移到安全地点进行急救，同时拨打120电话联系医院派救护车前来救援 2）发生碰伤、扭伤等较轻微且不危及生命的伤病时，先暂停作业进行紧急处理，再视伤病严重程度考虑是否送医院治疗 3）发生误碰设备跳闸事故时，应立即停止作业，并通知许可人		确认（ ）
风险评估	风险		控制措施	
	绝缘击穿，触电伤亡		作业负责人带领进入作业现场；核对设备名称和编号	确认（ ）
	接取试验电源，触电伤亡		检查漏电保护开关正常，禁止用导线在插座上取电源	确认（ ）
	高空坠落		穿防滑鞋、系安全带	确认（ ）
	序号	现场评估后补充风险	临时应对措施	确认（ ）

2. 完成作业过程。

按表 5-3-2 登记作业内容。

表 5-3-2　电流互感器高压试验作业内容登记表

项目	风险		控制措施	
				确认（ ）
仪器/仪表	名称	型号	厂家	有效日期
作业标准				

(续)

项目	风险	控制措施	
作业记录	（详细填写内容如下）		确认（　）
试验日期	环境温度/℃	环境相对湿度（%）	

请结合本小组制订的计划，对电流互感器进行高压试验，并完成下列作业记录的填写。

（1）绝缘试验

1）绝缘电阻测量。

绝缘电阻测试要求：使用_____绝缘电阻表，绕组绝缘电阻与初始值及历年值比较不应有显著变化，且不应低于1000MΩ，末屏对地绝缘电阻应不低于1000MΩ，若末屏对地绝缘电阻小于1000MΩ时，应测量其_____。

2）介质损耗因数测量。

介质损耗因数测量要求：

① 测量一次绕组的_____及电容量时，介质损耗因数测量仪使用_____测量；测量末屏对地的介损值及电容量时，测试电压为_____V，介质损耗因数测量仪使用_____测量，电流互感器高压端接屏蔽线。

② 介质损耗因数值与历年值比较不应有显著变化。

③ 对油浸式电流互感器：

500kV：交接不大于_____%；预试不大于_____%。

220kV：交接不大于0.6%；预试不大于0.8%。

110kV：交接不大于_____%；预试不大于_____%。

35kV预试参照110kV标准，但交接为不大于2.5%；末屏介质损耗因数应小于_____%。

④ 交接标准增加：对充硅脂硅油的干式电流互感器不大于_____%。

介质损耗因数测量要点：

① 主绝缘介质损耗因数试验电压为_____kV，末屏对地介质损耗因数试验电压为_____kV。

② 油纸电容型电流互感器的介质损耗因数一般不进行温度换算，当介质损耗因数值与出厂值或上一次试验值比较有明显增长时，应综合分析介质损耗因数与温度、电压的关系，当介质损耗因数随温度明显变化或试验电压由10kV升到_____时，介质损耗因数增量超过_____%（交接为0.2%，电容量0.5%），则不应继续运行。

③ _____可不进行介质损耗因数测量。

④ 电容型电流互感器主绝缘电容量与初始值或出厂值差别超出±5%范围时应查明原因。

介质损耗因数测量 PT 的要求：

220kV：交接不大于_____%；预试不大于 2.5%。

110kV：交接不大于 2.5%；预试不大于_____%。

20~35kV：交接不大于 3%；预试不大于_____%；试验对比应采用同一种试验方法。

（2）电流互感器励磁特性曲线测量的作用 计算_____误差曲线，可发现绕组是否有匝间短路。当继电保护对电流互感器的励磁特性有要求时，应进行励磁特性曲线测量。当电流互感器为多抽头时，可在使用抽头或最大抽头处测量。

（3）交流耐压试验 交接试验电压要求：

1）一次绕组按出厂值的_____进行。

2）二次绕组之间及其对外壳的工频耐压试验电压标准应为_____kV。

3）电压等级为_____kV 及以上的电流互感器末屏及电流互感器接地端（N）对地的工频耐压试验电压标准应为 3kV。

① 感应耐压试验电压应为出厂试验电压的 80%。

② 试验电源频率和试验电压时间应按规定设置。

③ 感应耐压试验前后，应各进行一次额定电压时的空载电流测量，两次测量值相比不应有明显差别。

④ 电压等级 66kV 及以上的油浸式互感器，在感应耐压试验前后，应各进行一次互感器绝缘油的色谱分析，两次测量值相比不应有明显差别。

（4）互感器的局部放电试验

1）局部放电试验宜与_____同时进行。

2）电压等级为_____kV 的互感器的局部放电试验可按_____%进行抽测，若局部放电量达不到规定要求应增大抽测比例。

3）电压等级 220kV 及以上互感器在_____有怀疑时宜进行局部放电试验。

4）局部放电试验时，应在高压侧（包括电压互感器感应电压）监测施加的一次电压。

按表 5-3-3 完成作业终结记录。

表 5-3-3　电流互感器高压试验作业终结记录表

序号	项目	内容	作业记录
1	恢复现场	作业中临时做的措施已全部恢复（如临时接地线等）	确认（　）
2	清理现场	清理、撤离现场前，将仪器、工具、材料等搬离现场	确认（　）
3	作业终结	1）作业负责人在首位，按指定路线列纵队退场 2）安排作业班成员到指定地点耐心等候 3）结束作业，办理作业终结手续	确认（　）
4	作业后记录	作业完成后，完成相关电子、纸质记录	确认（　）

(续)

序号	项目	内容		作业记录
5	发现问题及处理结果	问题描述		确认（ ）
		处理结果		
		存在的问题已告知作业班班长或安全区代表		
6	风险变化情况	补充了新增风险，并已告知作业班班长或安全区代表		确认（ ）
7	作业结论	合格（ ）	不合格（ ）	确认（ ）

【检查与控制】

观察员根据操作员的工作过程完成考核评分，具体考核评分细则见表5-3-4。

表5-3-4 电流互感器高压试验考核评分表

操作时间：45min

序号	考核项目	考核内容及要求（评分要点）	配分	评分标准	扣分
1	开工	办理作业票	30	作业票负责人按局、工区有关规定办理好作业票，完成三级交底作业，未办理扣5分	
		作业负责人对本班作业人员进行分工，并检查劳保用品		分工明确，所有作业人员正确使用劳保用品，分工错误或劳保用品使用错误，扣5分	
		作业负责人向所有作业人员交代作业任务、安全措施和安全注意事项		全体作业人员应明确作业范围、进度要求等内容，未交代或不明确作业任务、作业内容等，扣5分	
		到位人员签名		在到位人员签字栏上签名，未签名各扣2分	
2	检修内容	绝缘电阻试验	50	未检查或检查错误，每一项扣5分	
		测量介质损耗因数			
		交流耐压试验			
		极性检查			
		变比试验			
		励磁特性曲线测量			
3	竣工	正确使用各种工具和量具，不得损坏工具和量具	20	工具、量具使用方法不正确，一次扣2分；损坏工具、量具，扣5分	
		文明操作，清理作业现场，将工器具全部收拢并摆放有序，废弃物按相关规定处理，材料及备品备件回收清点		未清理作业现场、乱摆乱放工器具、未回收废弃物、材料及备品备件，每一项扣5分	
	总分		100	得分	
观察员：		操作员：		年 月 日	

注意事项：

1) 凡试验区域应设置安全围栏，无关人员不得进入。

2) 注意施工用电安全。

3) 每次高压试验开始前，必须指定专人负责监护，并通知在附近作业的其他人员。

4) 高压试验区域应设安全围栏，并挂"高压危险"警示牌。

5) 高压试验设备的外壳必须接地。接地线应使用截面积不小于 $4mm^2$ 的多股软铜线，接地必须良好可靠，严禁接在自来水管、暖气管、易燃气体管道及铁轨等非正规的接地体上。

6) 被试设备的金属外壳应可靠接地。高压引线的接线应牢固并应尽量缩短，高压引线必须使用绝缘子支持固定。

7) 现场高压试验区域及被试系统的危险部位与端头应设临时遮拦或拉绳，向外悬挂"止步，高压危险！"的标示牌，并设专人警戒。

8) 高压试验合闸前必须先检查接线，将调压器调至零位，并通知现场人员离开高压试验区域。

9) 高压试验必须有监护人监视操作。在升压过程中，作业人员应精神集中，监护人应大声呼唱，传达口令应清楚准确。

10) 试验用电源应有断路明显的双刀开关和电源指示灯。更改接线或试验结束时，应首先断开试验电源，进行放电（指有电容的设备），并将升压设备的高压部分短路接地。

【评价反馈】

1. 自我评价（表5-3-5）。

表5-3-5 电流互感器高压试验自我评价表

我做得好的地方	我还存在这些方面的问题
□ 动作准确	□ 动作不到位
□ 工具使用规范	□ 工具使用不规范
□ 安装步骤熟悉	□ 安装步骤不熟悉
□ 零件摆放整齐	□ 零件摆放不整齐
□ 操作用时合理	□ 操作用时过长
□ 工作态度端正	□ 工作态度不够端正

2. 小组评价。

我们组做到了：□ 全员参与　□ 分工明确　□ 工作高效　□ 完成了工作任务

3. 教师评价（表5-3-6）。

表 5-3-6　电流互感器高压试验教师评价表

序号	评价内容	评价指标	等次（星级评定）
1	活动态度方面	1）态度是否积极，是否主动组织或参与活动 2）与小组成员合作是否良好 3）活动是否认真、善始善终 4）是否勇于克服困难	
2	知识技能方面	1）查阅资料能力 2）实地观察记录能力 3）调查研究能力 4）整理材料能力	

【知识巩固】

一、填空题

1. 电力系统中的互感器起着_____和_____的作用。

2. 电流互感器和电磁式电压互感器都是利用_____，把_____的电流和电压传递到电气上隔离的_____。

3. 互感器的误差包括_____和_____。

4. 电流互感器按准确度分为_____级。

5. 电压互感器按准确度分为_____级。

二、选择题

1. 检定互感器时使用的电源频率是（　　）Hz。

   A. 60　　　　　B. 50　　　　　C. 400　　　　　D. 1000

2. S 级的电流互感器有误差定义的二次电流是（　　）A。

   A. 1　　　　　B. 0.1　　　　　C. 0.05　　　　　D. 0.01

3. 380V 供电系统的互感器（　　）电力互感器检定规程。

   A. 适用　　　　　B. 不适用　　　　　C. 有条件适用

4. 0.2 级的电压互感器在额定电压 20%时的电压误差是（　　）。

   A. ±0.2%　　　　　B. ±0.35%　　　　　C. 不规定

5. 0.2 级的电流互感器在额定电流 20%时的电流误差是（　　）。

   A. ±0.2%　　　　　B. ±0.35%　　　　　C. 不规定

三、简答题

1. 对一台 110kV 级电流互感器，预防性试验应做哪些项目？

2. 为防止各类油浸式互感器事故，在运行阶段应注意哪些问题？

3. 为什么某些电容量较大的设备如电容器、长电缆、大容量电机等，经高压试验后，其接地放电时间要求长达 5~10min？

任务四　电流互感器膨胀器异常处理

【任务描述】

目前，互感器用膨胀器多为金属膨胀器，膨胀器的主体是一个弹性元件，当互感器绝缘油的体积因温度变化而发生变化时，膨胀器主体容积也发生相应的变化，从而起到体积补偿的作用。

【学习目标】

目标名称	目标内容
知识目标	能理解电流互感器膨胀器的作用
	能口述电流互感器膨胀器的检查项目和异常处理步骤
技能目标	能完成电流互感器膨胀器的常规检查及异常处理
	能选出适用的技术及设备，理解并掌握操作设备的手段并处理各种问题
素质目标	能与他人合作，进行有效沟通，能按 6S 管理规定进行作业
	培养爱岗敬业、严谨细致的工作作风

【知识准备】

一、互感器用膨胀器

互感器用膨胀器（见图 5-4-1），包括不锈钢外壳和设于外壳内的膨胀器主体，在不锈钢外壳的外表面设有与膨胀器主体对应的观察窗，膨胀器主体包括铸铝底座、设于铸铝底座上的圆形玻璃缸体、设于圆形玻璃缸体内的玻璃活塞盖板和设于圆形玻璃缸体上沿的环形限位板。玻璃活塞盖板同为圆形且其外周面上设有密封槽，密封槽内分别设有密封圈，密封圈的外周面与圆形玻璃缸体内壁紧密接触。在玻璃活塞盖板中心设有螺纹孔，且利用螺纹孔连接有注油阀。玻璃活塞盖板的上表面围绕螺纹孔设有密封环，密封环夹持于玻璃活塞盖板和注油阀之间。圆形玻璃缸体的底部设有阶梯柱状凸台，且阶梯柱状凸台的小径端设有外螺纹。铸铝底座的中部设有凸起且凸起中心设有与阶梯柱状凸台的小径端连接的螺纹孔，阶梯柱状凸台中心设有通油孔，在凸起顶面设有环形凹槽且环形凹槽内设有密封垫，密封垫顶面与阶梯柱状凸台的台肩紧密接触。

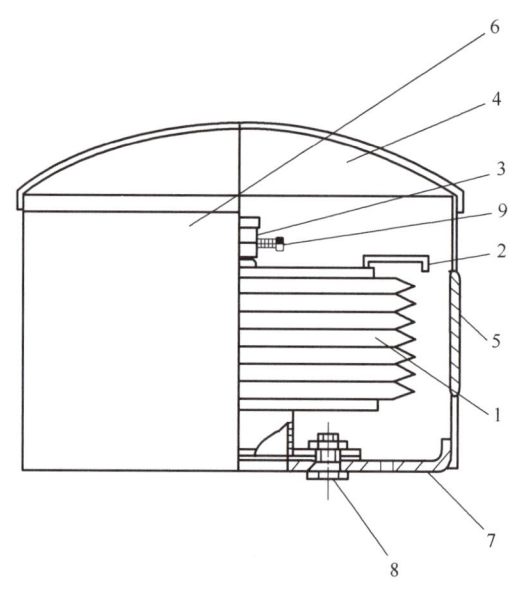

图 5-4-1　膨胀器

1—主体　2—压力爆破包　3—油位计　4—膨胀器上盖　5—侧板
6—外壁　7—底板　8—紧固螺栓　9—充放气螺栓

二、电流互感器膨胀器的意义

金属膨胀器的主体实际上是一个弹性元件，当互感器绝缘油的体积因温度变化而发生变化时，膨胀器主体容积发生相应的变化，起到体积补偿作用，并保证互感器绝缘油不与空气接触，保证密封性，减少互感器绝缘油老化。只要膨胀器选择得正确且在规定的范围内动作，即可以保持互感器内部压力基本不变，减少互感器事故的发生。

三、电流互感器膨胀器的作用

电流互感器膨胀器的作用如下：

1）使电流互感器内部相对于外部处于密封状态，保证电流互感器绝缘油不受潮和氧化，实现全密封。

2）电流互感器绝缘油因温度变化而引起体积变化时，电流互感器膨胀器可以有效地补偿这种体积变化。

3）金属膨胀器还可以起到散热的作用，保证电流互感器正常工作时仅有较小的工作温升。

四、电流互感器膨胀器的检查内容

1）打开电流互感器膨胀器的顶盖及外罩，检查焊缝是否可靠，若发现渗漏油应予以更换。

2）检查电流互感器膨胀器顶部的油位计或放气阀有无气体存在，若存在气体应在查明原因后打开放气阀将气体放出。

3）检查电流互感器膨胀器的油位指示机构、压力指示机构、温度指示机构及释放装置是否可靠灵活，若发现卡住，应予以检修排除。

4）检查各膨胀节之间的连接管路有无明显变形或错位，检查油路是否畅通。若油路不畅通应通过检修解决。

5）检查顶盖及外罩的连接螺栓，应所有螺栓齐全并拧紧。

【收集信息】

一、我们的学习任务是什么？

二、为顺利完成本学习任务，请认真学习以下案例。

1. 根据本学习任务的知识储备，认真研究案例中 110kV 电流互感器膨胀器的膨胀事故原因。

（1）设备概况

某变电所 110kV 输电线 1378V 相电流互感器型号为 LB-110W，于 2000 年 9 月生产并于 2001 年 10 月安装、投运。

设备投运前的电气、油质分析试验结论合格，设备满足投运要求。设备投运后的例行性电气、油质分析试验均未发现异常情况。事故发生前，设备油位在合格范围内，运行人员巡视也未发现过热等异常状况。

（2）设备故障情况

2011 年 7 月 19 日，天气晴，最高气温 34℃。运行人员巡视时发现该 110kV 输电线 1378V 相电流互感器油位超过上限，其所使用的金属膨胀器已膨胀开，并将该电流互感器上端铁壳顶起，电流互感器周围无明显油迹。

在事故发生的第一时间，工作人员即采取了该电流互感器的油样进行分析。油样常规分析结果正常，未发现超标项；油样色谱分析发现氢气、总烃含量严重超过注意值（氢气含量是注意值的 291 倍，总烃含量是注意值的 25 倍）。通过色谱数据判断，设备存在局部放电故障。接着，高压试验人员对该电流互感器进行了电气试验。

显然，若局部放电长期发展，不但会产生大量故障气体，大幅增加电流互感器内部压力，还会使绝缘材料逐渐劣化，失去绝缘性能，最终导致整个绝缘击穿，发生单相接地事故。

（3）事故原因分析经过

1）色谱分析。从历年色谱分析数据来看，该电流互感器自投运后到 2008 年 5 月，油中溶解气体含量无明显变化，而 2010 年 4 月，油中氢气、一氧化碳和二氧化碳含量出现明显增长，说明此时该电流互感器内部已经出现涉及固体绝缘的局部放电现象，但由于该电流互感器此时处于故障初期，氢气和总烃含量虽有增长却未超过注意值。结合例行性电气试验情况，判定该电流互感器可继续运行。

到 2011 年 7 月 19 日发现该电流互感器膨胀器已膨胀开时，溶解气体中氢气、总烃严重超标，甲烷含量占总烃总量的 92%，乙炔含量占总烃总量的 0.048%。根据特征气体法，判断该电流互感器内部存在局部放电故障，再利用三比值法对试验数据进行分析，可得三比值编码为 110，对应故障类型为电弧放电。由于设备存在电弧放电故障时，其故障特征气体主要是乙炔和氢气，且大多数情况下乙炔含量高于甲烷含量，而该电流互感器故障特征气体主要成分为氢气和甲烷，故电弧放电故障不符合实际情况。依据溶解气体分析解释表可知：电流互感器中甲烷/氢气<0.2 时为局部放电，所以判断该电流互感器存在局部放电故障。

2）电气试验分析。对该电流互感器进行电气试验时发现，其主绝缘介质损耗因数达到 0.823%，虽然未超过运行中 1% 的要求，但是由于介质损耗因数明显增加（是最近例行性电气试验测得的介质损耗因数 0.209% 的近 4 倍），说明该电流互感器绝缘已经受到不可逆转的损坏。

3）电流互感器局部放电的原因。造成电流互感器局部放电的因素较多，具体表现在：

① 结构方面。电流互感器在设计制造中绝缘结构的不合理，会造成绝缘内部电场分布不均匀，这些部位的电场强度低于绝缘介质的起始放电电压水平，则这些部位就容易发生局部放电。

② 材料方面。铜、铝导线表面不光滑、有毛刺时，这些毛刺不仅会造成局部放电，而且还会损坏匝间绝缘，造成匝间绝缘短路。绝缘纸板、绝缘纸等绝缘材料表面不光滑、内部有杂质或严重含有金属粉尘等都容易引起局部放电。互感器绝缘油中含有水、纤维等杂质时，这些杂质也可引起油中电场畸形，使局部电场强度升高，从而引起局部放电。

③ 加工制造工艺方面。金属部位，如油箱、夹件等在加工制造过程中存在尖角、毛刺、磁屏蔽接地不良，或存在某些其他局部缺陷等；绝缘件，如纸板筒、油隔板、围屏、角环、垫块和撑条等在加工制造过程中黏有铁屑、铜屑和其他杂质，或存在尖角、毛刺等；在器身装配和总装配过程中，由于围挡不好、检查不细，造成器身上和油箱内存在一些焊粒或其他金属异物等；由于加工工艺不完善造成角环、静电板的弯曲处、引线和绕组接头处的油纸绝缘中以及绕组端部绝缘中等处存在一些油隙；由于工作环境，如车间降尘量、清洁度等达不到要求，而使产品清洁度较差，或混进一些杂质、异物等。此外，由于真空处理不彻底、注油工艺不良等造成存在油中小气泡时，气泡间也很容易发生局部放电。

4）电流互感器解体检查。工作人员对 110kV 旋北线 1378V 相电流互感器进行了解体检查。检查中未发现一次引线紧固螺母、抽头紧固螺母以及末屏接地螺母松动等导致过热的因素和设备进水受潮迹象。进一步解体检查发现：在 P2 端子下方 12cm 处的最外层绝缘纸上有明显 X 蜡沉积痕迹。当剥开绝缘纸后，在相同位置处紧邻铜排的绝缘纸已经炭化变黑。解体检查结果说明该电流互感器内部存在长时间的局部放电故障。

请综合分析上述案例中 110kV 旋北线 1378V 相电流互感器内局部放电的主要原因：

_____
_____
_____
_____
_____
_____
_____
_____
_____
_____

处理措施：

因 110kV 旋北线 1378V 相电流互感器故障发生在迎峰度夏期间，为保证正常电力供应，减少停电给生产生活带来的不便和损失，检修人员对故障电流互感器进行了更换，尽快恢复了 110kV 旋北线送电。

2. 查阅相关手册，总结对电流互感器膨胀器出现异常的防范措施，并完成填空。

1）高压试验人员和油务工作人员要认真履行岗位职责，严格按照试验周期进行预试检查，试验应做到全面细致，不漏项。同时高度重视试验_____的设备，制订_____，及时掌握设备故障隐患的发展情况和严重程度。

2）已经发生膨胀器异常膨胀开的电流互感器，要_____，特别是同批次电流互感器的运行状况，对存在安全隐患和异常的设备采取适当措施进行_____，必要时安排_____。

3）对于新投运的电流互感器，要密切关注投运前后_____的变化情况。

4）认真做好电流互感器运行情况监督检查，特别是在电网高负荷到来之前和夏季高温天气时，要注意电流互感器_____的变化情况。当油位升高明显或达到最高位置时，及时进行_____分析。

【制订计划】

请根据电流互感器膨胀器异常处理的任务要求，确定所需的维护仪器、工具，并对小组成员进行合理分工，制订详细的检查和维护计划。

1. 小组成员分工：_____
_____

2. 备品备件准备：_____
_____

3. 危险点分析：_____
_____

4. 安全措施：_____
_____

5. 作业程序及标准：_____
_____

【任务实施】

请结合本小组制订的处理计划，针对以下案例，对电流互感器膨胀器进行检查，并完成相关内容的填写。

1. 事件经过

2018 年 6 月 8 日，运行人员巡视时发现某 220kV 变电站 218 间隔 W 相电流互感器金属膨胀器冲顶。检查同间隔电流互感器，发现 U 相电流互感器金属膨胀器正常，但油位异常偏高，V 相电流互感器金属膨胀器顶盖一角异常凸起。

该间隔电流互感器型号为 LB-220，于 2017 年 3 月 13 日投运，运行时间不到 3 个月。设备投运前开展了交接试验，各项试验数据合格。在发现该间隔电流互感器金属膨胀器异常凸起后，运行人员立即申请停电，将该三相电流互感器退出运行。

2. 按表 5-4-1 完成作业前准备。

表 5-4-1 电流互感器膨胀器异常处理作业前准备

出发前准备	人员	人员资质、职业禁忌、身体状况、精神状态满足作业要求	确认（ ）
	仪器工具		确认（ ）
	技术资料	相关技术资料	确认（ ）
	防护用品	安全帽、安全带两套、工作服	确认（ ）
	物资材料	相关物资、备品备件	确认（ ）
	车辆	已开展车辆安全检查，并已确定最佳行驶路线	确认（ ）
进场前准备		1）安排作业班成员在指定地点耐心等候 2）办理作业许可手续，确保现场安全措施符合作业要求 3）再次核查人数相符和个人防护用品正确佩戴 4）作业负责人在首位，作业班按指定路线列纵队进场	确认（ ）

（续）

		作业负责人向作业班成员交代作业任务、作业范围、安全措施、分工安排	确认（ ）
作业和安全技术交底	应急事项	遇紧急情况，作业人员应根据现场情况按照以下的紧急处理程序进行处理： 1）发生人员坠落、人员触电、人员中暑等严重威胁生命的情况时，立即向当值调度员和本部门领导、安全监督人员报告并将遇险人员转移到安全地点进行急救，同时拨打120电话联系医院派救护车前来救援 2）发生碰伤、扭伤等较轻微且不危及生命的伤病时，先暂停作业进行紧急处理，再视伤病严重程度考虑是否送医院治疗 3）发生误碰设备跳闸事故时，应立即停止作业，并通知许可人	确认（ ）
风险评估	风险	控制措施	
	绝缘击穿，触电伤亡	作业负责人带领进入作业现场；核对设备名称和编号	确认（ ）
	压力过高，爆炸伤亡	检查压力释放阀压力值示数	确认（ ）
	高空坠落	穿防滑鞋、系安全带	确认（ ）
	序号	现场评估后补充风险	临时应对措施	确认（ ）

3. 作业过程。

1）按表5-4-2登记作业内容。

表 5-4-2　电流互感器膨胀器异常处理作业内容登记表

项目	风险		控制措施	
				确认（ ）
仪器/仪表	名称	型号	厂家	有效日期
作业标准				
作业记录				确认（ ）
试验日期	环境温度/℃		环境相对湿度（%）	

2）按表5-4-3完成作业终结记录。

表 5-4-3　电流互感器膨胀器异常处理作业终结记录表

序号	项目	内容	作业记录
1	恢复现场	作业中临时做的措施已全部恢复（如临时接地线等）	确认（　）
2	清理现场	清理、撤离现场前，将仪器、工具、材料等搬离现场	确认（　）
3	作业终结	1）作业负责人在首位，按指定路线列纵队退场 2）安排作业班成员到指定地点耐心等候 3）结束作业，办理作业终结手续	确认（　）
4	作业后记录	作业完成后，完成相关电子、纸质记录	确认（　）
5	发现问题及处理结果	问题描述 处理结果 存在的问题已告知作业班班长或安全区代表	确认（　）
6	风险变化情况	补充了新增风险，并已告知作业班班长或安全区代表	确认（　）
7	作业结论	合格（　）　　不合格（　）	确认（　）

【检查与控制】

电流互感器退出运行后，现场对该电流互感器开展了＿＿＿＿＿＿。试验项目包括＿＿＿＿＿、＿＿＿＿＿、＿＿＿＿＿、＿＿＿＿＿以及＿＿＿＿＿。试验结果发现 V、W 相电流互感器主绝缘介质损耗因数超标，U 相介质损耗因数接近标准值，该电流互感器绝缘油溶解气体分析中氢气、总烃、乙炔值均超标。

根据电流互感器绝缘油溶解气体分析数据，判断该电流互感器内部发生放电，产生大量气体，导致金属膨胀器冲顶。根据《变压器油中溶解气体分析和判断导则》(DL/T 722—2014) 中的三比值法，确定故障编码为 100，判断故障类型为＿＿＿＿＿。

为了进一步确定电流互感器放电的原因及部位，对电流互感器返厂开展诊断性试验，试验项目为＿＿＿＿＿、＿＿＿＿＿及＿＿＿＿＿。对 V、W 相电流互感器进行高电压介质损耗试验，测量不同电压下电流互感器的介质损耗因数。电压首先从 10kV 增加到 146kV，然后从 146kV 下降到 10kV，电压上升及下降过程中，记录 V、W 相电流互感器介质损耗因数。V、W 相电流互感器在电压从 10kV 增加到 146kV 过程中，其介质损耗因数分别增加 0.009% 和 0.015%，＿＿＿＿＿（符合/不符合）标准要求。

对 U 相电流互感器进行耐压试验，试验电压值为 460kV，耐压试验通过后对该电流互感器进行局部放电试验，在 $1.2U_m/\sqrt{3}$ 的电压下，测得局放量为 500pC，＿＿＿＿＿（符合/不符合）标准要求。根据该电流互感器的诊断性试验数据，可知该电流互感器主绝缘高压介质损耗因数及局部放电试验结果超标。判断该电流互感器低能放电部位在＿＿＿＿＿。

对 V、W 相电流互感器进行解体检查，拆开电流互感器瓷套，检查电流互感器器身、铁心及夹件、二次绕组和末屏引线，发现外观无明显异常，且该型号电流互感器为电容器结构。

对该电流互感器的一次绕组主绝缘进行解体，重点检查电容屏及绝缘纸，外观检查无明显异常。

该电流互感器一次绕组主绝缘为电容型绝缘，共有 9 张电容屏。将一次绕组主绝缘解体后，分别测量 9 张电容屏的电容量、介质损耗因数及绝缘电阻。发现 W 相电流互感器第 4~7 张屏的介质损耗因数超过厂家内部控制值（0.004%），V 相电流互感器第 3~7 张屏的介质损耗因数超过厂家内部控制值，V、W 两相电流互感器第 4~7 张屏的绝缘电阻值也明显偏低。

造成绝缘纸介质损耗因数偏高，绝缘电阻下降的原因包括_____。由于本次存在缺陷的电流互感器运行时间不到 3 个月，排除_____的原因，判断该电流互感器在制造时中间屏绝缘纸未完全干燥，导致其_____。

为了确定中间屏绝缘纸确实未完全干燥，取 V 相电流互感器电容屏间绝缘纸，在试验室进行干燥处理，即在 155℃下干燥 36h。干燥前后进行介电常数测试，对比分析绝缘纸干燥前后介电常数变化情况。

可以发现干燥后，各绝缘纸的相对介电常数均有降低，且中间屏绝缘纸的降幅尤为明显。确定中间屏绝缘纸干燥前_____（确实/并不）含有水分，故干燥后介电常数明显降低。

【评价反馈】

1. 自我评价（表 5-4-4）。

表 5-4-4　电流互感器膨胀器异常处理自我评价表

我做得好的地方	我还存在这些方面的问题
□ 动作准确	□ 动作不到位
□ 工具使用规范	□ 工具使用不规范
□ 安装步骤熟悉	□ 安装步骤不熟悉
□ 零件摆放整齐	□ 零件摆放不整齐
□ 操作用时合理	□ 操作用时过长
□ 工作态度端正	□ 工作态度不够端正

2. 小组评价。

我们组做到了：□ 全员参与　□ 分工明确　□ 工作高效　□ 完成了工作任务

3. 教师评价（表 5-4-5）。

表 5-4-5　电流互感器膨胀器异常处理教师评价表

序号	评价内容	评价指标	等次（星级评定）
1	活动态度方面	1）态度是否积极，是否主动组织或参与活动 2）与小组成员合作是否良好 3）活动是否认真、善始善终 4）是否勇于克服困难	

(续)

序号	评价内容	评价指标	等次（星级评定）
2	知识技能方面	1）查阅资料能力 2）实地观察记录能力 3）调查研究能力 4）整理材料能力	

【知识巩固】

一、填空题

根据【任务实施】中的膨胀器冲顶现场，按提示完成以下总结。

电流互感器金属膨胀器冲顶缺陷是由于_____，产生_____导致的。该电流互感器放电部位为_____之间。由于该电流互感器_____在制造过程中未完全干燥，导致_____偏高，并在运行电压下发生_____。为了防范类似缺陷再次发生，提出如下措施及建议。

1. 严格按照_____要求进行交接试验，油浸式电流互感器出厂时的局部放电试验延长到_____，现场_____进行油色谱分析。

2. 目前《电力设备检修试验规程》没有对绝缘纸的含水量提出明确要求，而且尚无检测绝缘纸中含水量的有效方法，建议开展绝缘纸中水分含量无损检测方法及判断标准的研究。

3. 认真做好电流互感器运行情况监督检查，特别是在电网高负荷到来之前和夏季高温天气时，要注意电流互感器的油位变化情况。当油位升高明显或达到最高位置时，及时取油样跟踪分析。

二、简答题

1. 电流互感器采用金属膨胀器有什么作用？
2. 电流互感器的主要参数包括哪些？
3. 电流互感器的动热稳定性能，是否应满足安装地点系统短路容量的要求？为什么？请说明理由。

延伸阅读

在产业工人的大军中，有许多一线工人，他们在平凡的岗位上，以理想为经、以信念为纬，用勤劳的汗水，编织自己最美的人生，他们有理想、守信念、懂技术、会创新、敢担当、讲奉献。由中共重庆市委宣传部、市文明办、市总工会评选的"时代的奋斗者"——重庆轨道集团的莫延奎，是重庆地铁大修修程的第一批检修人。他带头打造车间"学习角"，将工作经验传授给大家；精心排查，对症下药，解决了列车检修中的多个难点问题；设计制作牵引电机速度传感器试验台，为集团节约设备购买资金约 50 万元；编制地铁车辆典型案例、地铁大修调试大纲，填补了重庆轨道交通 B 型地铁车辆故障处理和调试领域的空白，成为轨道交通的一颗"螺丝钉",哪里需要"钉"哪里。

作为城市轨道交通企业的一名普通检修维护作业人员,活跃在轨道线路现场,及时处理线路和设备故障,用辛勤的工作保证乘客的安全。这些工作看起来简单平凡,但与乘客的出行安全紧密联系在一起,城市轨道交通企业检修维护作业组凭着热忱与爱岗敬业,保障乘客安全出行、满意到达。

【学而思】

1. 请你谈谈对"轨道螺丝钉"这个概念的理解。

2. 结合本项目的学习,谈谈今后在工作中如何做到无私奉献。

参 考 文 献

[1] 童岩峰，章新华. 城市轨道交通变配电检修工［M］. 北京：中国铁道出版社，2017.
[2] 李学武. 城市轨道交通供变电技术［M］. 北京：中国铁道出版社，2017.
[3] 成都地铁运营有限公司. 供电综合工［M］. 成都：西南交通大学出版社，2017.
[4] 昆明地铁运营有限公司. 变电检修工［M］. 成都：西南交通大学出版社，2015.